小红书精细化运营

爆款笔记·品牌种草·直播电商·广告投放

王乃考
肖琳文
钱　晨

著

化学工业出版社

·北京·

内 容 简 介

本书结合作者在新媒体领域丰富的研究和实践经验,紧紧围绕当前新媒体电商行业的发展趋势,系统阐述小红书平台的操作思路、工具与方法,旨在提供一站式小红书精细化运营方案,帮助读者解决小红书平台运营过程中的疑点、难点与痛点。

全书分为5篇,共19章。第1篇为基础运营篇,主要阐述小红书平台的发展历程、新手博主的账号创建与定位技巧,并详细分析了小红书平台的流量推荐与权重机制;第2篇为爆款笔记篇,分别从爆款选题、内容创作、Vlog教程、精准引流4个角度,剖析小红书博主创作笔记或视频的实战技巧与策略;第3篇为品牌种草篇,重点阐述品牌商家在小红书平台的内容运营、种草攻略、营销模型与落地路径,帮助品牌商家有效利用小红书平台实现营销增长;第4篇为直播电商篇,重点讲解主播筛选、直播策划、运营攻略、直播复盘,旨在帮助读者快速掌握小红书直播带货的实战玩法;第5篇为广告投放篇,重点分析了薯条推广、聚光平台、蒲公英平台3大广告平台的操作技巧,从0到1手把手指导小红书博主、品牌商家和MCN机构深度了解小红书广告工具,实现流量变现。

图书在版编目(CIP)数据

小红书精细化运营:爆款笔记・品牌种草・直播电商・广告投放/王乃考,肖琳文,钱晨著.—北京:化学工业出版社,2024.3(2025.2重印)

ISBN 978-7-122-44599-5

Ⅰ.①小… Ⅱ.①王…②肖…③钱… Ⅲ.①网络营销 Ⅳ.① F713.365.2

中国国家版本馆 CIP 数据核字(2023)第 243345 号

责任编辑:夏明慧 　　　　　　装帧设计:史利平
责任校对:宋　夏

出版发行:化学工业出版社(北京市东城区青年湖南街 13 号 邮政编码 100011)
印　　装:三河市航远印刷有限公司
710mm×1000mm　1/16　印张 14¼　字数 250 千字　2025 年 2 月北京第 1 版第 3 次印刷

购书咨询:010-64518888　　售后服务:010-64518899
网　　址:http://www.cip.com.cn
凡购买本书,如有缺损质量问题,本社销售中心负责调换。

定　价:88.00 元　　　　　　　　　　　　　　　　　　　版权所有　违者必究

序

随着数字媒体、智能传播等新媒介技术的突飞猛进,数字内容生产、传播与运营成为大众创新、创业的重要领域。王乃考自从2015年起就对此产生了浓厚的研究兴趣,先后出版了《直播经济:"互联网+泛娱乐"时代的连接变革》《视商时代:重构新媒体的商业价值》《短视频新动向:Vlog创作与运营指南》三本著作。

王乃考是2015年我在澳门科技大学招收的一名博士生。入学时他已经是副教授了,但依然十分勤奋好学。不论是课程学习,还是实践调研,他都能把"问题"做到"实处",讲究"学问"的实用性。2018年8月他顺利博士毕业,2020年1月评为教授,学术成果、教学业绩都是相当扎实的。

近日欣喜获悉,王乃考即将出版新书《小红书精细化运营:爆款笔记·品牌种草·直播电商·广告投放》。作为他的博士生导师,我深感欣慰,特做此序。他近十年来一直致力于网络直播与短视频的研究,尤其在数字内容生产、传播与运营方面有着独到的见解。他的著作不是对某种传播现象的理论阐释,也不是对某个业界问题的简单回应,而是直面问题并给出解决方案。

在本书中,王乃考从爆款笔记、品牌种草、直播电商到广告投放等多个维度,系统地阐述了小红书平台的运营策略与方法。从新手入门到进阶技巧,从理论框架到实战指南,全书内容丰富、结构清晰,为读者提供了细致、全面的学习和实操指南。

仔细看来,这些"指南"也不是简单的经验总结,也都有着传播学原理、广告学理论等内在理论的支撑。因此,这本书不仅仅是一本理论著作,更是一部具有实用价值的操作指南。无论是对于初入行的运营新手，还是对于希望进一步提升技能的从业者来说，这本书都能提供宝贵的借鉴价值。

最后，我衷心祝愿《小红书精细化运营：爆款笔记·品牌种草·直播电商·广告投放》能够受到广大读者的喜爱与认可，为推动新媒体运营领域的发展做出积极贡献。同时，也期待未来王乃考能够在学术与实践领域取得更加卓越的成就。

厦门大学新闻传播学院教授

陈培爱

2024 年 2 月 1 日

前言

根据全球领先的管理咨询公司麦肯锡（McKinsey & Company）发布的《2023麦肯锡中国消费者报告》，中国经济持续高速发展，居民消费支出不断增长，但与此同时，消费者的需求和偏好却已经悄然发生变化。面对愈来愈丰富多样的产品，消费者倾向于通过更多维度谨慎地做出购物决策。而这无疑给品牌运营带来了更大的挑战。

如今，我国人口负增长时代已至，流量红利逐步见顶，市场竞争也日益加剧，多因素的共同作用使得企业进入多重压力围困的存量博弈时代。如何从流量竞争中突围、树立品牌口碑、抢占用户心智，成为企业竞争的焦点。因此，一些能够拉近企业与用户之间的距离、构建品牌与用户有效沟通的平台便在企业用户运营的过程中脱颖而出。

信息技术的发展为人们的生活带来了翻天覆地的变化，社交媒体已经成为人们沟通互动与接收信息的主要渠道之一。用户的消费行为也不可避免地会受到社交媒体的影响，如明星分享的产品体验、博主创作的开箱评测等，都有可能会影响用户的消费决策。在这个过程中，"种草"作为网络流行语进入人们的视野。"种草"一词最早流行于各类美妆社区和论坛，伴随移动互联网的快速发展，迅速扩散至各类社交平台，泛指为他人推荐物品以激发购买的行为。从企业的角度来说，种草不仅可以促进品牌信息高效传递，还能够深化用户对品牌的认知，使用户对品牌和产品产生信赖。

作为具有代表性的生活方式平台和消费决策入口，小红书擅长与用户"交心"，能够精准定位用户进行产品种草。2017年12月，小红书电商被《人民日报》评为代表中国消费科技产业的"中国品牌奖";2019年6月,小红书入选"2019福布斯中国最具创新力企业榜"。聚焦小红书进行品牌推广和用户运营,似乎已经成为企业消除流量焦虑、实现用户增长的捷径。

2013年6月,小红书成立。小红书的最初定位是海外购物分享社区。经过多年的探索和沉淀,如今小红书已经成为集社交、内容、电商于一体的综合性平台。通过不断优化平台的商业模式,小红书依托于"购物笔记"评价推广机制,培养了一批优质的KOC(Key Opinion Consumer,关键意见消费者),成为众多用户心中较为可靠的产品查阅工具。从种草生态的角度看,小红书通过关联词将相关产品笔记连接起来,用户可以依据关联词查找相关产品;而KOC通过发布产品推荐能够吸引具有潜在消费需求的用户。同时,小红书培养了用户"主动搜索"的习惯,当用户想买某款产品时,可以在小红书平台进行搜索,根据相关笔记比较产品信息,最后做出购买决策。由此可见,小红书的种草模式不同于某些平台的被动推荐,实际上是用户主动寻求种草的过程。

此外,小红书内容分发机制的核心逻辑是特征匹配,即系统根据笔记涉及的标签、话题、关键词等与用户需求进行匹配,并将内容分发给匹配的用户。如果笔记获得了用户的正向反馈,还会被推荐给更多用户,当笔记的浏览量、点赞量和收藏量等达到一定的数量级时,该笔记就可能被认定为爆款笔记,在平台获得更高的排名和曝光率。而当用户浏览爆款笔记时,极有可能被种草,从而产生购买意愿。因此,打造爆款笔记也是小红书从营销推广到产品转化的重要路径。

基于良好的内容创作机制、优质的内容生态环境等,小红书实现了用户价值和商业价值的双赢。未来,随着商品同质化的日益加剧、互联网流量的逐步稀缺、消费者购物习惯的不断改变,小红书的优势地位也会愈加突出。因此,了解小红书的运营机制至关重要。本书结合作者在新媒体领域丰富的研究成果和实践经验,紧紧围绕当前新媒体电商产业的发展趋势,系统阐述小红书平台的操作思路、工具与方法。全书分为5篇,共19章:

- 第1篇为基础运营篇,主要阐述小红书平台的发展历程、新手博主的账号创建与定位技巧,并详细分析了小红书平台的流量推荐与权重机制;
- 第2篇为爆款笔记篇,分别从爆款选题、内容创作、Vlog[1]教程、精准引

---

[1] Vlog全称为Video blog,指视频博客,是一种以视频为载体的个人博客形式。

流4个角度剖析小红书博主创作笔记或视频的实战技巧与策略；
- 第3篇为品牌种草篇，重点阐述企业在小红书平台的内容运营、种草攻略、营销模型与落地路径，帮助企业有效利用小红书平台实现营销增长；
- 第4篇为直播电商篇，重点讲解主播筛选、直播策划、运营攻略、直播复盘，旨在帮助读者快速掌握小红书直播带货的实战玩法；
- 第5篇为广告投放篇，重点分析了薯条推广、聚光平台、蒲公英平台三大广告平台的操作技巧，从0到1手把手指导小红书博主、品牌商家和MCN❶机构深度了解小红书广告工具，成功实现流量变现。

从上述内容可以看出，全书旨在提供一站式小红书运营方案，帮助读者解决小红书运营过程中的疑点、难点与痛点。因此，本书不仅适合自媒体博主、电商主播等用户阅读学习，也可供企业中的市场营销人员、互联网运营人员和产品经理以及高等院校电子商务、新媒体运营等相关专业的师生阅读参考。

著者

---

❶ MCN 全称为 Multi-Channel Network，是一种多频道网络的产品形态，也是一种新的网红经济运作模式。

Part 1 基础运营篇

第1章 增长之路：从社区到电商的华丽蜕变　002
- 01 崛起与演变：小红书的发展历程　002
- 02 生态赋能：创作者 + 消费者 + 品牌方　006
- 03 精细运营：增强用户的互动体验　010
- 04 平台治理：构建多元化开放平台　013

第2章 创建账号：新手从 0 到 1 的成长指南　016
- 01 创建账号：注册流程与实战技巧　016
- 02 资料设置：有效提升账号曝光度　018
- 03 养号攻略：快速增粉的实战技巧　020
- 04 限流处理：常见问题与解决办法　022

第3章 账号定位：打造优质 IP 的 4 大要点　025
- 01 占领心智：账号定位的 5 个原则　025
- 02 细分赛道：垂直细分领域选择的 3 大工具　027
- 03 打造人设：爆款 IP 的两种策略　032
- 04 强化标签：精准覆盖目标用户群　034

第4章 权重规则：小红书平台流量推荐机制　038
- 01 流量入口：小红书流量 5 大来源　038
- 02 流量机制：推荐规则与分发机制　041
- 03 算法机制：流量推荐的 3 个环节　043
- 04 权重机制：提升权重的 4 个因素　045

Part 2 爆款笔记篇

第 5 章 爆款选题：热门选题挖掘的 3 大维度 050
01 平台挖掘：获取流量倾斜的方法 050
02 对标账号：向优秀博主学习借鉴 053
03 自我归纳：搭建优质选题素材库 055

第 6 章 内容创作：爆款笔记运营的 5 个要点 058
01 主题：笔记创作主题的 7 种形式 058
02 标题：打造吸睛标题的 4 个技巧 062
03 封面：制作优质封面的 5 种类型 064
04 内容：爆款笔记写作的 5 大要点 069
05 推送：最佳发布时间的 3 个策略 072

第 7 章 Vlog 教程：视频拍摄与制作实战攻略 075
01 器材：Vlog 视频拍摄的 4 类设备 075
02 脚本：Vlog 脚本创作的 3 大类型 078
03 构图：Vlog 视频构图的 8 种方法 080
04 景别：Vlog 镜头语言的 5 种类型 087
05 运镜：增强画面美感的 8 个技巧 089
06 转场：拍出大片质感的 7 种手法 091
07 剪辑：Vlog 视频剪辑的 7 个步骤 093

第 8 章 精准引流：粉丝运营与转化操作技巧 098
01 内容引流：有效提高粉丝转化率 098
02 搜索引流：深度挖掘长尾关键词 099
03 互动引流：增强粉丝黏性的技巧 102
04 投放引流：薯条推广的实操攻略 105

Part 3 品牌种草篇

第 9 章 内容运营：建立品牌账号定位与规划 110
01 品牌定位：品牌种草的 4 种类型 110
02 内容规划：账号运营的 7 个维度 112
03 内容互动：用户沟通的 3 大渠道 114

第 10 章　种草攻略：品牌种草营销的实战流程　117

- 01　种草逻辑：小红书平台受众分析　117
- 02　制定策略：品牌推广的 4 个环节　118
- 03　KOL 筛选：选择优质的达人账号　120
- 04　爆款运营：爆款笔记与内容转化　122
- 05　注意事项：品牌种草的注意事项　124

第 11 章　PKCKS 模型：品牌种草的 5 大维度　126

- 01　产品投放：基于平台的用户属性　126
- 02　关键词投放：优化产品信息搜索　127
- 03　内容投放：直击用户需求与痛点　128
- 04　达人投放：筛选达人的 5 个维度　128
- 05　投放节奏：选择合适的投放策略　129

第 12 章　落地路径：达人投放与转化实战攻略　130

- 01　声量监测：提升品牌的传播热度　130
- 02　竞品分析：搜集与筛选竞品信息　131
- 03　卖点确定：明确产品差异化定位　133
- 04　落地策略：不同阶段的投放思路　135

Part 4　直播电商篇

第 13 章　主播筛选：商家与主播合作操作要点　138

- 01　直播玩法：直播电商的 5 种模式　138
- 02　素质修炼：主播必备的 3 大技能　140
- 03　合作模式：主播合作的 3 种模式　143
- 04　主播筛选：选择合适的带货主播　144
- 05　对接流程：商家与主播的合作链路　146

第 14 章　直播策划：直播带货前期的准备工作　149

- 01　团队配置：构建高效的直播团队　149
- 02　场景搭建：直播间布置 6 大要素　151
- 03　脚本策划：梳理直播流程的步骤　154
- 04　选品攻略：直播选品的实战技巧　158

第15章 运营攻略：提升粉丝留存率与转化率 161

- 01 宣传预热：获取流量的3种方法 161
- 02 直播互动：增强粉丝黏性的技巧 164
- 03 抽奖引流：有效提升粉丝参与感 166
- 04 促单转化：销售成交的5个步骤 168

第16章 直播复盘：数据总结与优化实战攻略 170

- 01 实战流程：直播复盘的5个步骤 170
- 02 团队复盘：运营团队的优化要点 172
- 03 数据复盘：直播运营的核心数据 174
- 04 评估优化：数据分析的提升要点 176

Part 5 广告投放篇

第17章 薯条推广：笔记精准曝光的投放指南 180

- 01 基础操作：薯条推广的功能介绍 180
- 02 操作要点：达人投放与数据优化 183
- 03 实战攻略：薯条投放的4大策略 185
- 04 优化策略：实现投放价值最大化 186

第18章 信息流广告：操作步骤与实战攻略 189

- 01 聚光平台：广告功能与核心优势 189
- 02 精准覆盖：广告投放的6大步骤 192
- 03 投放流程：广告投放的5个流程 194
- 04 投放节奏：广告投放的4个阶段 198
- 05 投放复盘：衡量效果的3项指标 200

第19章 蒲公英投放：助力博主营销转化变现 202

- 01 平台介绍：品牌种草的实战利器 202
- 02 精准匹配：博主营销的5大优势 204
- 03 合作流程：筛选博主的操作攻略 207
- 04 投放攻略：蒲公英投放实战策略 209

Part 1
基础运营篇

第1章
增长之路：从社区到电商的华丽蜕变

01 崛起与演变：小红书的发展历程

小红书作为一个集内容分享、时尚娱乐、购物消费于一体的社区电商平台，受到了许多年轻人的喜爱与支持。平台通过鼓励用户分享生活方式，形成了一种通过"种草"来激发用户购买欲、通过"拔草"来实现用户消费转化的商业模式。在该模式的驱动下，小红书迅速成长为国内头部电商平台之一。纵观小红书的发展历程，其在商业模式的选择、消费者需求的把控和产品的定位等方面都有可圈可点之处，非常值得探讨、分析与借鉴。以下将从小红书的发展历程切入，对该平台进行介绍。

（1）小红书的发展历程

2013年6月，小红书正式创立。这一时期，网络购物的消费形式逐渐发展成熟，在发达的物流服务的支撑下，一部分年轻消费者将目光转向海外市场，他们虽然有旺盛的海外购物需求，但对商品质量、品牌优劣的判断还不准确，也不知道应该买什么、怎么买。小红书针对这一需求痛点进行商业模式定位，为那些既有海外购物需求、又有购买力的都市年轻消费群体提供海外购物指南，解决他们在海外购物时面临的信息不对称问题。

具体方法是：用户在平台上以笔记的形式分享生活，包括使用的产品、旅行目的地等，小红书则为消费者提供线上直达卖场的购物渠道。至2013年12月，平台推出的海外购物分享社区已经覆盖了美食、时尚、旅行、健身、读书、娱乐、母婴等多个行业和领域，为年轻用户提供了可靠的购物参考和便捷的消费决策入口。

2014年11月，小红书完成由纪源资本领投的千万美元级B轮融资；后来又上线了自营电商平台"福利社",用户在平台上的主要活动不再仅仅是分享笔记,还可以进行购物消费,由此,平台逐渐从一个内容分享社区平台向电商平台转变。面对竞争激烈的电商市场(当时京东、淘宝等头部平台已经有了相当大的用户量积累),小红书选择了更有针对性的"打法",将用户目标群体定位于"都市白领女性",拓展品类并开放第三方平台吸引品牌商家入驻,以此巩固了竞争优势。

2023年,小红书迎来创立十周年,其发展历程如图1-1所示。小红书的转型过程大致可以分为起步期、爆发期、探索期三个阶段,以下将对每个时期的发展特点进行简要介绍。

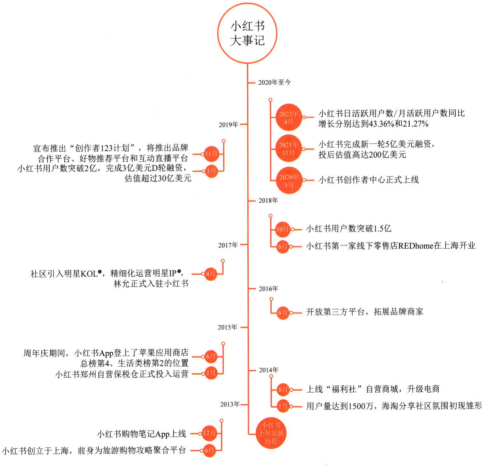

图1-1 小红书十年发展历程

❶ KOL:全称为 Key Opinion Leader,指关键意见领袖。
❷ IP:指 Intellectual Property,直译为知识产权,现含义有所引申,可理解为所有成名作品(文学、影视、动漫、游戏、人物等)的统称。

- 起步期（2013～2017年）：这一时期基于女性消费者的海外购物需求，平台积极打造生活分享、好物分享和种草社区。图片搭配简要文字是种草笔记的一般形式，笔记内容在前期主要由编辑精选并分发，后期则依托于算法进行自动推荐。
- 爆发期（2018～2019年）：随着平台的功能优化与转型，小红书逐渐在商品使用、分享领域积累了丰富的UGC（User Generated Content，用户生成内容）运营经验，这一时期平台用户规模迅速增长，迎来了小红书的爆发期。
- 创新探索期（2019年至今）：平台内容不断创新，内容泛娱乐化趋势逐渐加强，内容展现形式更加丰富，短视频成为集合了娱乐、推广等功能的重要内容载体，平台内容分发方式更加多样，直播带货成为商业模式转型的新方向。从发展历程看，2019年成为小红书探索新商业化方向的重要转折点。

与其他电商平台相比，小红书的一大优势在于有着良好的推广内容创作生态和较高的用户接受度，博主通过在交流社区分享产品的使用体验和心得向用户"种草"，用户根据这些信息进行"拔草"——即下单购买。这一过程中，产品通过粉丝效应获得了更高的关注度，那些能够引起用户共鸣的话题，促进了用户转化。

（2）用户画像：聚焦都市年轻群体

对顾客群体的精准定位，是小红书能够聚集大量优质用户并稳定维持市场竞争优势的重要原因。小红书有针对性的运营策略、用户交互界面的整体画风、社区内容分享氛围等要素吸引了大批生活在城市中的年轻消费者。国金证券研究所2022年发布的《小红书新消费研究思路与实践专题分析报告》对小红书的用户结构进行了统计，女性用户占比达到89%，大部分来自一、二线城市，30岁及以下的年轻用户占比达到78%，具体如图1-2所示。

总体来说，小红书的用户群体具有年轻化、时尚化、乐于接受新事物、追求生活品质等特征，同时比较注重消费体验，倾向于选择具有较好品质的高价值商品。依托活跃于平台上的大量种草博主，平台每天可以产生大量实用、有趣、高质量的内容，为用户选择各类产品提供建议与参考。这些内容也成为新用户加入和转化的重要驱动力，通过用户的偏好设置和算法自动分发机制，用户可以快速找到属于自己的同好社区。

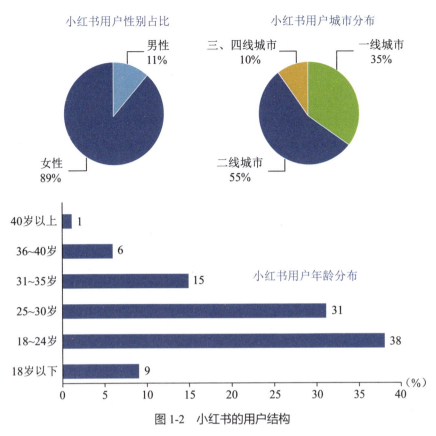

图1-2 小红书的用户结构

一方面,小红书基于对消费趋势的洞察与分析,制定了合理的运营策略,通过增强消费者、内容创作者与品牌方之间的互动,吸引国内外知名品牌或新锐品牌入驻平台,进一步提升了用户黏性和平台价值。

另一方面,小红书促进社区内容创新,鼓励用户分享积极正向的生活方式,创造容易受到年轻用户青睐的话题,例如个性化的穿搭、露营、美食探店等,通过营造出对美好生活的期待与向往,带动用户消费量提升,促进一批新品牌快速成长。

相比其他大型综合性电商平台,小红书更加注重细分市场,由于消费者在平台上有着较好的互动体验,因此其活跃度也更高。与拼多多等下沉市场电商平台相比,小红书用户的整体消费能力更强。小红书的差异化客群定位策略有利于精准运营用户、培养用户忠诚度,同时避免了与其他电商平台正面对抗,为在电商行业深耕奠定了基础。

02 生态赋能：创作者 + 消费者 + 品牌方

小红书平台为创作者、消费者与品牌方等用户的互动奠定了基础，创作者可以接受品牌方的推广邀约，将相关产品使用体验、消费体验写成笔记，平台将这些体验内容推送给有相关需求的消费者，从而促进品牌方与消费者之间的供需匹配，促进消费者的购买转化，创作者和品牌方则由此获得价值收益，其赋能机制如图1-3所示。小红书平台凭借多边用户赋能的商业模式，吸引了大量新用户加入，并基于交叉网络效应，推进用户与平台相互促进、共同成长。

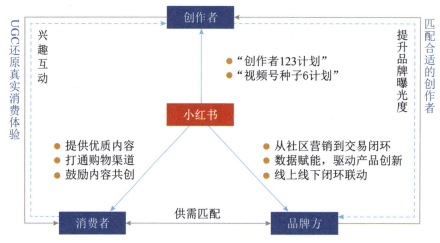

图1-3　小红书平台的赋能机制

（1）赋能创作者

小红书的创作者构成是多元化的，除了有KOL、明星、KOC等，还有大量普通创作者，这些创作者有的是由消费者转化而来。优质的内容可以有力推动用户转化，因此小红书非常重视对创作者进行赋能，通过各种运营策略、活动扶持创作者成长，帮助他们获取流量、实现变现。平台先后推出了多项创作者赋能计划，部分取得了显著成效。

2019年11月，小红书推出了"创作者123计划"，该计划的具体含义是围绕一个创作者中心（即"1"）着重开展倾听会与公开课两项活动（即"2"），并开启品牌合作平台、好物推荐平台以及互动直播平台等三款赋能创作者商业化平台的内测工作（即"3"）。在该计划开启测试5个月后，平台上粉丝数超过1万的创作者数量增长了155%。

2020年1月,平台正式上线了小红书创作中心,可以为创作者提供多维度的创作服务工具,包括主播中心、创作学院、规则中心、买手中心等,如图1-4所示。创作者可以在这里直观地看到笔记数据、粉丝数据等信息,并据此优化作品内容,更好地把控创作节奏。

图1-4 小红书创作中心

2020年7月,小红书推出"视频号种子计划",为即将上线的视频号功能做准备,该计划邀请了100多名优质创作者加入视频号,视频号上线后,这些创作者的粉丝量快速增长,日均增长量达1.2万人。

此外,小红书还相继推出了"视频创作者扶持计划""垂类建设计划"和"闪耀星主播扶持计划"等多种计划,对优质创作者挖掘、内容引流、作品变现、平台用户增长等方面都产生了积极影响,促进创作者粉丝量快速增长,提供了更多与商家、品牌合作的机会,提升了平台的整体收益率。

(2)赋能消费者

在"分享生活方式"的内容创作原则的指导下,平台用户创作并分享了大量贴近生活的优质笔记内容,这些笔记是对真实消费场景和用户体验的深度还原,可参考性、可信度较高,能够为消费者提供重要参考。笔记中的标签可以使消费者直接进入相关商品详情页，这不仅节约了搜索时间，还大大提高了用户的下单转化率。

平台不仅通过优质的笔记内容"种草"，还提供了多种购物渠道，以便于消费者"拔草"。2014年，小红书的自营电商平台"福利社"上线，后续不断吸引品牌商家入驻，并进一步拓展第三方平台，如图1-5所示。

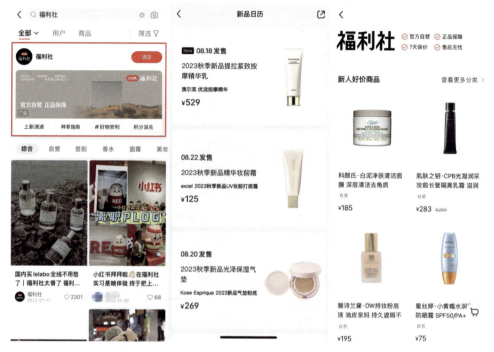

图1-5 小红书"福利社"电商平台

2020年"企业号"上线，次年着手推进"号店一体"战略，促进商家"企业号"与线上门店融合，从而打通了从内容推广营销到流量变现的渠道，为消费者和用户带来了更好的使用体验。

平台积极鼓励用户参与内容共创，并为其提供音乐、滤镜、标签、贴纸、音视频编辑器等创作工具，降低了笔记创作门槛，用户即使不具备专业的创作技能，也可以将自己的创意灵感表现出来，如果笔记能够获得较好的反馈（如关注度、认可度等），可以有效增进用户与平台的情感联结。用户的广泛参与，有利于促进"笔记浏览→种草→拔草→笔记创作"的良性循环，从而以更多优质笔记内容吸引消费者加入、转化，平台用户活跃度将得到提升。由此，从创作者、平台本身，到商户、品牌，收益都能够不断增长。

（3）赋能品牌方

2019年初，平台面向商家上线了"品牌号"，商家除了可以进行品牌推广运营，还可以在"品牌号"主页与用户直接沟通，同时，"品牌号"支持一键关联店铺主页，用户可以直接进入店铺主页选购商品。

2020年，"品牌号"进一步升级为"企业号"，准入门槛进一步降低，无论品牌大小，商家只需要持有营业执照即可申请入驻，同时线上门店可以与线下实体店铺关联，"企业号"主页可以展示笔记、联系方式等信息。由此，平台为商家（品牌）提供了多样化的营销、引流、拓客渠道。

2021年1月，小红书蒲公英平台上线，打通了直播带货、品牌合作、新品试用笔记分享的直达通道，为企业或品牌寻找主播或博主、发起项目运营活动提供了便利，品牌方如果找到合适的优质创作者（例如创作者的擅长领域与产品匹配），则更有可能获得较好的推广效果，促进消费者转化。小红书蒲公英平台首页如图1-6所示。

图1-6　小红书蒲公英平台首页

平台可以为企业或品牌提供数据洞察与分析服务，以数据赋能品牌与博主合作，为品牌提供全面的消费者对品牌产品的体验反馈数据，促进产品改进与定制化创新。以下将对小红书与护肤品牌毕生之研的合作案例进行介绍。

小红书通过对美妆品类进行大数据分析，洞察到在近来兴起的"早C晚A"（即早上使用含有维C类成分的护肤品，晚上使用含有维A类成分的护肤品）的护肤趋势中，眼霜品类还存在空缺。毕生之研基于这一分析结论，研发出一款"早C晚A"眼霜，产品上架后很快成为热门商品，为毕生之研创造了新的盈利点，并促进该品牌的平台流量数据大幅增长。

2022年3月，小红书立足于用户特性推出了"倾城计划"，为美妆个护品牌有效赋能。平台可以为入驻的美妆品牌提供多维度的产品数据、用户消费数据的分析结论，深入了解用户需求，驱动产品创新，促进美妆个护行业的发展。

此类品牌赋能计划的成效是显而易见的，就百雀羚、大白兔、回力、李宁等老品牌来说，可以通过搭载小红书这一电商平台"直通车"，促进企业的数字化转型，在推广营销模式、产品设计等方面积极创新，增强品牌活力，提升品牌持续进行价值创造的能力；就小仙炖、钟薛高、谷雨等新锐品牌来说，可以依托平台实现快速成长，基于产品质量、性能和多样化的营销推广手段，发展一批年轻的忠实客户。

03 精细运营：增强用户的互动体验

一般来说，传统电商平台以产品为运营重点，而小红书的运营重心则倾向于用户，平台基于用户特征及其需求痛点，进行精细化运营。平台利用成熟的推荐算法，可以实现推送商品与用户需求的精准匹配，并结合线上、线下闭环联动，为用户带来良好的互动体验，从而提升用户黏性、用户活跃度，促进用户转化。

（1）个性化精准推荐

与线下交易不同，消费者在线上选购商品时，用户评价是影响其消费决策的重要因素之一，用户对消费场景和使用体验的感性描述往往容易打动潜在消费者，不论是好的口碑还是负面评价，都将在一定程度上影响用户的消费行为。小红书平台的独特之处即在于：

① 以好的口碑或评价作为切入点，构建了一个优质商品推广平台，通过正向的口碑效应（即向用户种草）来实现内容营销变现。通过合理运营与积累，平台构建了有着良好分享氛围的社区，用户口碑、评价具有真实性和可靠性。

② 通过对用户浏览行为、消费行为进行大数据分析，对用户需求进行预测，由此实现精准选品、精准推送。

2016年后，小红书利用机器算法代替人工运营来完成内容推荐、分发工作。系统通过对大量用户数据的分析、整合，对用户进行精准分析，并结合智能推荐算法，将高质量的笔记内容与用户需求进行快速匹配，从而实现精准营销。

同时，平台利用数据采集与动态追踪技术，对消费者的相关数据进行实时分析与反馈，从而及时了解消费者需求的变化趋势，在此基础上与品牌方协作制定合适的产品策略、营销策略。大数据分析算法将用户（消费者和品牌）、商品、笔记内容联结起来，实现了"人—货—场"的高效匹配，如图1-7所示。

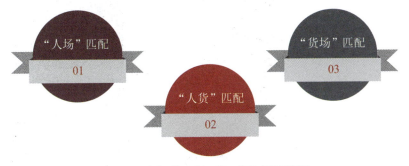

图1-7 小红书"人—货—场"匹配策略

- "人场"匹配：优质的笔记内容能够营造富有真实感的使用场景，这为消费者提供了沉浸式的场景体验。
- "人货"匹配：消费者能够轻松找到想要的或喜欢的商品。
- "货场"匹配：为相关商品的推广营销设计合适的场景，通常可以由平台发起活动主题（例如毕业季、夏季时尚潮流等），品牌方筛选出与主题对应的活动商品，并明确活动商品折扣、库存等信息，然后寻找合适的创作者创作笔记，从而将商品营销嵌入具体场景中。

平台的智能推荐算法能够为消费者推荐个性化的、符合其需求的商品，从而使用户获得较好的交互体验，提升用户对平台的认可度；平台各项活动计划的落实，为创作者流量变现提供了重要支撑，同时也可以有效促进品牌方营销收益的增长，这使得用户与平台的关系更为紧密。

（2）线上线下闭环联动

平台不仅注重线上社区运营活动的开展，还紧跟现实中的潮流趋势，积极开展各类线上线下联动的品牌营销活动，为消费者与品牌方之间面对面直接交流提供了机会。

2021年4月，小红书开展的"暖春樱花季"大型主题活动是线上线下闭环联动活动的成功案例。活动将上海、武汉、南京、杭州、无锡、青岛等十个城市的著名赏樱地点作为线下活动主场，鼓励用户实地走访并创作赏樱体验笔记，同时提供拍照、出行和笔记创作等方面的在线指导，如图1-8所示。

图 1-8 "暖春樱花季"主题活动

本次活动吸引了大批用户参与互动,创作者获得了大量点赞、收藏,成功打造了"暖春樱花季"的 IP;同时,活动与美妆产品(例如资生堂的樱花创意限定产品"美白樱花瓶")营销巧妙融合,实现了一定量的用户转化,这是本次活动商业价值的真正体现。

同年 6 月,在第二届"上海夜生活节"开幕的背景下,平台以上海豫园作为线下活动举办地,开展"潮流之夜"游园活动,同时通过线上线下联动打造营销 IP"新动研究所",鸡尾酒 WAT、永璞咖啡、养生果动、认养一头牛、法颂、半懒、参半等新锐品牌在活动中脱颖而出,得到了线上、线下消费者的支持与欢迎。

同年 7 月,小红书在上海市长宁区的闲下来合作社举办首届"社区熟人节"活动,如图 1-9 所示。

平台邀请了若干名优质创作者,将 1100 平方米的地下防空洞打造成了暂时的线下社区共享创意空间,空间涵盖了 33 个不同的分类与主题,包括健身、职场、夏日美食制作等,通过对不同主题的交流与分享,使用户变成"熟人"。例如,在"居家我熟"空间中,主理"阿姨驿站"的家政从业者为参与者们分享了梅雨季节皮具养护方法、健康的饮食知识等。活动实现了线下活动与线上社区的真实联动，取得了较好的活动效果。

图1-9　小红书首届"社区熟人节"活动

此外，小红书与顾家家居、宜家中国、上汽集团、悦诗风吟等多个知名品牌合作，不定期开展"REDay 专薯日"（小红书用户的昵称为"小红薯"）线下活动，为品牌方与消费者交流互动提供了渠道。

平台开展的一系列线上线下联动活动，不仅实现了品牌营销的目的，提升了用户对平台和品牌的忠诚度，促进用户留存、拉新与转化；同时，各种品牌营销活动还可以为品牌方赋能，孵化出更多新锐品牌和爆款产品。

04 平台治理：构建多元化开放平台

小红书虽然以内容社区起家，但在用户积累的过程中不断发掘用户需求痛点，并在此基础上不断丰富平台功能，拓展业务边界，逐步构建起集内容、电商、社交、直播、物流为一体的开放多元的生态体系，从而为用户提供"好物分享—在线交易—物流配送"的一站式服务，进一步巩固了平台的核心竞争优势。

(1) 延伸业务边界，构建多边生态体系

从内容角度看，小红书上聚集了大批优质内容创作者，笔记内容涉及家居、美妆、母婴等多个领域，平台基于智能算法分析，将符合用户偏好的笔记内容分发给不同的用户群体。

从社交角度看，用户可以在平台上轻松找到感兴趣的同好者社区，或根据种草笔记找到心仪的商品，或参与平台、社区或品牌发起的互动，通过发布笔记、评论、点赞等方式获得各类品牌福利、商品优惠券等，多样化的互动有利于增强用户与平台的情感联结，丰富用户体验，提升用户在平台上的活跃度和转化率。

从直播电商角度看，平台通过引入优质主播、鼓励原生优质创作者进行直播等方式，有力推动直播电商平台成长壮大，适应了当下通过直播带货驱动流量变现的新商业发展趋势。直播窗口不仅为品牌和消费者提供了直接对话交流的机会，还能够提升消费者的参与度，增强消费者对平台的认可度。

从社区电商角度看，小红书开放了第三方合作平台和自营平台，为品牌方提供了多种推广营销渠道，同时也进一步丰富了平台的商品品类，使盈利渠道更为多样化。

从物流角度看，小红书学习天猫、京东等大型综合电商平台的先进经验，合理布局自营保税仓、海外仓和海外物流通道，使其固有的跨境电商的核心竞争优势进一步巩固。

(2) 开放互联，积极开展对外合作

互为竞争关系的互联网平台之间往往相互屏蔽，这种消极应对的方式加剧了双方的恶性竞争关系，不利于保障用户权益，也不利于行业健康发展。而小红书坚持开放性原则，积极与其他平台连通，例如用户可以快捷地将笔记内容分享给微信好友，接收方可以直接打开小红书链接，而不需要下载小红书 App。小红书借助微信的流量优势和社交属性，可以以较低的成本触达新用户。

另外，小红书也与第三方电商平台合作，联动开展各类营销推广活动。例如，平台开放了淘宝外链，为用户拔草提供了便利；京东国际则直接入驻平台，通过在资源、流量等方面的共享与合作，实现优势互补，促进新的跨境电商业务模式的发展。小红书以其消费群体优势（生活在城市中具有一定消费能力的年轻群体）和发展潜力优势受到了资本的青睐，目前已经获得阿里巴巴、腾讯等多轮投资。在未来，小红书与各大电商平台的合作将进一步深化。

（3）平台治理，加强监管力度

平台在快速成长的同时，也出现了"虚假种草""虚假营销"等问题，例如在留学、教育培训、租房等社区，许多分享笔记由中介机构发布，笔记内容带有夸大宣传、虚假宣传的成分，甚至为消费者带来了直接的经济损失，这不仅损害了小红书的品牌形象，也带来了不好的用户体验，损害了消费者权益。

针对上述问题，小红书及时进行整治、纠正，出台相关规定对不良行为进行约束，从而保障消费者权益、维护平台秩序。2021年4月，平台出台《社区公约》，从分享、互动、交易、营销等方面鼓励用户践行公约规范，避免不适宜、不恰当的行为；同年11月，平台开展"虚假营销"专项治理行动，整治虚假分享、虚假营销、代写代发等行为，对严重违规的机构或品牌账号进行封禁处理。从2022年2月开始，平台针对医美品类进行重点整治，首批共处罚违规账号16.8万个，处置违规笔记27.9万篇，取消不符合资质要求的医美机构认证；同年5月，平台又公布了《社区商业公约》，引导商家在合规范围内开展营销活动和交易活动。这些措施有利于改善平台生态，重塑消费者对平台的信任，更好地维护商家、创作者、消费者等忠实用户的权益。

第 2 章
创建账号：新手从 0 到 1 的成长指南

01 创建账号：注册流程与实战技巧

小红书是一个在年轻一代中广泛应用的社交电商平台，在小红书中，用户可以跟进多个主题，获取符合自身兴趣爱好和实际需求的各类信息，并随时随地浏览、分享、发布、评价和购买各类商品。

用户在注册小红书账号和使用小红书平台时不需要缴纳任何费用，但需要填写手机号、验证码、性别、年龄等个人信息，并完善账号资料。

对于新用户来说，注册小红书账号很简单。下面我们对小红书账号注册流程进行详细介绍。

步骤 1：下载小红书应用程序

新用户在手机应用商店中搜索小红书应用程序，然后点击下载安装，下载完毕后打开小红书 App，在弹出的"个人信息保护提示"中点击"同意"，随后跳转到账号注册界面。操作流程如图 2-1 所示。

步骤 2：创建小红书账户

用户选择"其他登录方式"后，点击下方的手机图标，输入个人的手机号码，并勾选"我已阅读并同意《用户协议》《隐私政策》《儿童/青少年个人信息保护规则》"，最后点击"验证并登录"，收到验证码后输入，系统自动跳转到"选择你近期感兴趣的内容"，至少关注 4 个兴趣，选择兴趣后点击"确定"，正式进入小红书主页。操作流程如图 2-2 所示。

Part 1　基础运营篇

图 2-1　下载小红书应用程序

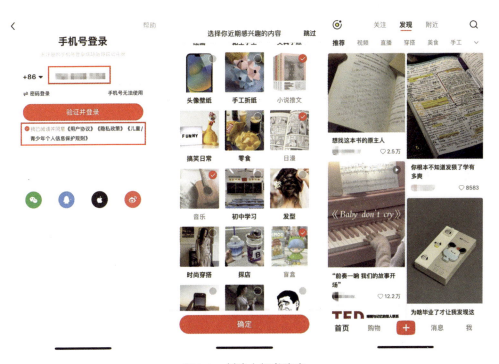

图 2-2　创建小红书账户

步骤 3：完善账号信息

在小红书 App 主界面点击右下角的"我"，打开个人信息界面，点击"编辑资料"，在个人资料界面中，用户可以修改自己的头像、名字、简介、性别、生日、地区、职业、学校、背景图等，编辑完毕点击返回，系统会自动保存。操作流程如图 2-3 所示。

图 2-3　完善账号信息

02　资料设置：有效提升账号曝光度

在小红书中，账号的个人资料在一定程度上能够影响整个账号的曝光度，因此小红书账号的运营人员需要合理完善账号中的个人资料，充分利用账号的名字、头像、背景图、简介和标签等信息来吸引用户。

（1）名字

小红书账号的运营人员可以根据自身所处的领域或自身的特长来确定账号的名字，以便吸引与自身账号定位相符的用户。以美食领域的账号为例，账号的运营人员可以在为账号起名时加入"厨艺""美食""吃货"等相关词语，也可以将

"巧克力""烤肉"等食物的名字与账号名相结合,还可以在名字中使用如"吃喝玩乐""美食研究所"和"味蕾探险家"等具有特色和趣味性的词汇。

(2)头像和背景图

小红书账号的运营人员需要设置视觉吸引力较强的头像和背景图,在确定头像和背景图片时,既可以选择使用自己拍摄的与自身账号定位相符的图片,也可以选取一些质量较高且能够凸显账号特色的图片,让用户在看到头像和背景图时就能够初步了解账号的风格。

(3)简介

小红书账号的个人简介需要有简洁性和直观性的特点,小红书账号的运营人员在填写个人简介时应该在以简洁的语言注明账号的主要内容以及自身的特长和领域的基础上加入一些方便用户搜索的关键词,提高账号在搜索时的可见度。以旅行领域的账号为例,账号的运营人员可以在个人简介中填写"热爱旅行,以自己的方式感知世界""分享旅行风光,把我眼中的世界带给你"等与旅行高度相关的语句。

(4)标签

小红书账号的运营人员需要在账号的个人资料中加入能够凸显账号所属领域和自身个人特长的标签,以便明确账号定位。具体来说,各个领域的博主都可以直接将自身所属领域作为个人标签进行标注,如"教育博主""美妆博主""旅行博主""美食博主""种草博主"等,除此之外,各个博主也可以设置年龄和星座等其他个人标签。

除此之外,小红书账号的运营人员在完善账号资料时还应做到以下几点,如表2-1所示。

表2-1 完善账号资料的注意事项

注意事项	具体内容
资料简洁	不在个人资料中赘述一些不必要的信息,也不在个人简介中标明电话号码和微信号等信息
添加有用信息	在个人资料中添加自身的兴趣爱好、职业经历等有助于用户进一步了解账号内容的有用信息
格式清晰	在填写个人资料时应保证填写格式清晰直观,为用户阅读和理解个人资料中的信息提供方便

续表

注意事项	具体内容
定期更新	根据自身的状态实时更新个人资料，确保个人资料与自身当前的状态相符
维护个人形象	利用个人资料来打造出一个积极向上的个人形象，在填写个人资料时需要使用文明且恰如其分的语言

03 养号攻略：快速增粉的实战技巧

公开数据显示，目前小红书的用户数量已经超过一亿，因此小红书平台必须利用账号监控体系来对所有用户的账号进行动态监控，以便维护自身利益，确保用户的体验感。具体来说，小红书平台有一系列用户账号管控相关规则，小红书可以利用这些规则找出机器人账号、引流营销账号和诈骗账号等异常账号，并根据账号的实际情况对其采取降权或封号处理，除此之外，对于没有出现过异常情况的账号，小红书平台也会根据账号表现适当增加账号权重。

养号就是通过保持账号活跃度等方式来提高账号权重。以养号的方式注册和使用的账号在小红书平台中会被识别为正常用户，并不会出现被平台降权或封号的情况，因此各大品牌均可以利用养号的方式来进行账号运营，以便提高账号权重，获取更多的平台流量曝光。

（1）养号周期

一般来说，大多数账号的养号周期为一到两周，对于经过两周养号时间仍旧无法恢复账号流量的账号，可以将养号时间延长至一个月，但对于经过一个月的养号时间也无法恢复账号流量的账号，则只能选择弃号，并注册一个新账号重新养号。

小红书账号的运营人员在进行养号时需要了解养号规则，如表2-2所示。

表2-2 小红书博主养号规则

序号	养号规则
1	小红书平台会偏爱老用户，因此账号权重会随着注册时间的增长而逐渐提高
2	一号一机，想要运营小红书账号的博主需要提前准备好一部手机和一个小红书账号
3	小红书账号的运营人员可以通过将小红书账号与微博等其他平台的账号进行绑定的方式来防止账号被平台识别为机器人账号
4	小红书账号运营人员在运营多个账号时应尽量避免使用同一个Wi-Fi，防止小红书平台将这些账号识别为机器人账号或批量操作账号

（2）养号技巧

① 养号期间保持账号活跃

小红书账号的运营人员在养号时应注意提高账号的活跃度，具体来说，可采取以下几种实战技巧提高账号活跃度，如表 2-3 所示。

表 2-3 提高账号活跃度的实战技巧

序号	实战技巧
1	在养号初期，每天花费大约一小时的时间浏览笔记
2	加强与其他用户之间的互动，增加对其他笔记进行点赞和评论的次数
3	放缓笔记阅读速度，仿照普通用户的阅读习惯在每篇笔记中停留的时间达到 10 秒以上
4	每天关注几个与自身养号账号处于同一垂直领域的万粉级账号，以便小红书平台明确账号所属领域并将账号推送给关注该领域的用户

② 提升小红薯等级

账号等级就是当前位于编辑资料板块底部的"成长等级"板块中所显示的等级，具体来说，主要可分为尿布薯、奶瓶薯、困困薯、泡泡薯、甜筒薯、小马薯、文化薯、铜冠薯、银冠薯和金冠薯 10 个等级。小红书博主查看账号等级的操作步骤如图 2-4 所示。

- 步骤 1：进入小红书 App，选择右下方"我"选项进入；
- 步骤 2：选择"编辑资料"选项；
- 步骤 3：手动滑至最下方，在"成长等级"选项中方可查看。

图 2-4 查看账号等级的操作步骤

小红书平台建立了一套专属账号等级制度，等级较高的账号通常也具有较高的权重，且由等级较高的账号所发布的笔记既能够优先得到审核，也具有更大的平台推荐概率，能够在平台的支持下获得更多流量，因此小红书账号的运营人员在养号时需要提高小红书账号的等级。

③ 提前多准备几个账号

小红书账号的运营人员在养号时应提前多准备几个账号作为"备胎"小号，并同时对这些账号采取养号操作，避免因某一账号养号失败需要重新开始而浪费时间，进而达到提高养号成功率和时间利用率的效果。

（3）养号周期结束该怎么做

小红书账号的运营人员在完成养号工作后还需要对账号进行运营，并在账号运营阶段注意以下几个事项，如表2-4所示。

表2-4　账号运营注意事项

序号	注意事项
1	坚持长期养号，为账号实现爆火打下牢固的基础
2	控制笔记发布频率，对于已经处于正式运营当中的账号，应尽量保持日更的频率，难以按照日更的频率发布笔记的博主可以选择两天更新一次或三天更新一次
3	对于需要删除的笔记可以将其设置为"仅自己可见"，而不是彻底删除
4	运营账号矩阵，降低账号风险，防止出现因唯一账号被平台封控而造成巨大损失的情况

04 限流处理：常见问题与解决办法

小红书对笔记内容的把控十分严格，对于各类违规问题，小红书平台可能会采取告知博主具体违规问题和直接限流等手段，当小红书账号的运营人员面临由违规引起的平台限流问题时需要针对具体违规情况采取相应的处理措施。

（1）账号严重违规

当账号存在搬运侵权、多次站外导流、医疗美容以及封建迷信等严重违规问题时，小红书平台将会对账号进行限流处理，其中，站外导流是一种时常发生的违规问题，对于这一问题，小红书平台通常会先对博主进行第一次警告，若警告无效，则会继续对其进行第二次警告，同时对该账号采取禁言7天处理，若博主仍未处理该问题，小红书平台则会限制账号流量，并将该账号禁言30天。

面对由站外导流引起的平台限流等问题，小红书账号的运营人员可以在仍旧维持原本的笔记更新计划的情况下进一步优化自身的导流方式，并等待平台的限流处理自动解除。

（2）敏感词或违禁词

当笔记中存在敏感词、违禁词或企业号拟人化描述等问题时，小红书平台将会对该笔记采取限制推荐处理，降低笔记流量。

针对由敏感词和违禁词等问题引起的笔记限流，在笔记发布之前，小红书账号的运营人员可以采取提前使用查词软件对笔记进行检测的方式来避免发布存在敏感词或违禁词的笔记；在笔记发布之后，小红书账号的运营人员可以在笔记流量较低的时候修改笔记，去掉笔记中的敏感词和违禁词。

（3）导图或搬运，相似度高

当笔记中存在来自其他平台或小红书中的其他博主所发布的博文或笔记中的带有他人水印的图片时，该笔记将会被小红书平台判定为非原创内容，同时也会按照官方规则对这条笔记进行相应处理。

为了避免出现由导图、搬运等行为引起的非原创内容问题，小红书账号的运营人员应坚持原创，对于无法确保每条笔记都是原创笔记的小红书博主来说，可以采用借助美图软件和剪辑软件对作品进行二次创作的方式来规避版权问题，防止被小红书平台识别出笔记内容为非原创内容，进而避免受到小红书平台的处罚。

（4）文案广告植入太硬

小红书支持用户发布分享类笔记，但禁止用户发布包含广告的笔记。如果小红书账号的运营人员在发布产品相关的笔记时直接罗列产品的卖点、功能和所获荣誉等内容，且用词和语法较为生硬，那么这篇笔记就可能会被小红书平台判定为广告笔记，并对其进行限流处理。

小红书账号的运营人员在创作笔记时应以分享为主，用心撰写文案，提高广告植入的灵活性和自然程度，以软植入的方式进行用户引流。

（5）刻意留联系方式

小红书平台严禁用户将联系方式写进签名以向其他平台导流，当账户存在刻意留其他平台联系方式的情况时，小红书平台将会对该账号进行限流处理。

面对小红书平台这方面的限制，小红书账号的运营人员可以调整方式和方法，提高导流方式的隐蔽性，并提高更换导流方式的频率。

（6）笔记更新不稳定/断更

对于经常出现断更情况的账号，小红书平台会在一定程度上限制这类账号的流量，导致账号中发布的笔记的浏览量长期维持在 100～500 或 1000 以内，难以出现爆火的笔记。

为了获取小红书平台对账号的流量支持，小红书账号的运营人员需要确保笔记更新的稳定性，通过持续更新笔记来提高账号权重，或者直接重新注册一个新的账号进行运营。

小红书平台在对账号或笔记进行限流处理时都会通过站内消息通知账号的运营人员。当账号的数据出现下滑时，小红书账号的运营人员需要查看站内消息，确认笔记是否被小红书平台限流，如果存在限流问题，则应针对具体的限流原因对自身的账号和笔记进行调整；如果不存在限流问题，那么则需要从图片、文案、话题、标题等多个方面对笔记进行自查，找出影响数据流量的根本原因并进行处理。

对小红书账号的运营人员来说，只有明确小红书平台的限流原因，具备精准引流的能力，且全面掌握小红书的运营方法、规则和变现方式才能不断打造出爆款笔记，推动账号实现爆火。

第 3 章
账号定位：打造优质 IP 的 4 大要点

01 占领心智：账号定位的 5 个原则

全球知名营销战略家杰克·特劳特（Jack Trout）认为：定位始于产品，定位可以是一件商品、一项服务、一家公司、一个机构，甚至是一个人……但定位不是围绕产品做出的，而是围绕潜在客户的心智做出的。

通俗地说，"定位"的目的是占领客户心智，即获得客户的支持和认同，使客户对产品产生依赖。好的定位是个性化的，与其他产品、个人或企业之间的差异是产品或品牌本身具有核心竞争优势的体现，好的定位通常从树立鲜明的品牌或 IP 开始。就小红书运营来说，找到正确的定位是运营好该账号的基础。

（1）为什么要做账号定位？

打造 IP 形象是账号定位的具体体现，每一个账号的走红都离不开富有新意的 IP 形象的成功塑造，账号的定位领域、方向决定了账号内容的受众群体的属性、转化方式与变现途径。

成功的 IP 形象实际上是一种标志性符号，在其受众群体心目中，一定有对该形象的鲜明的认知标签，并在此基础上不断加深对创作者的理解和认同。在这个信息数量急剧增长、多样化信息快速传播的时代，由于个人接收信息、承载信息的能力是有限的，人们对信息会自然而然地进行过滤与筛选，只接收那些对自己有价值的信息。因此，创作者需要被赋予鲜明的标签，以吸引更多人关注并留下深刻印象。

对于小红书平台上的新人博主来说，账号定位清晰、明确有利于账号快速成长，其具体优势体现在以下 3 个方面，如图 3-1 所示。

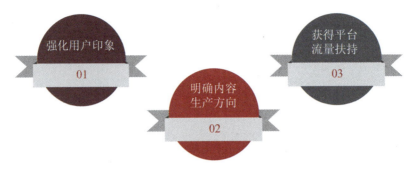

图 3-1 账号定位的 3 大优势

- 强化用户印象。账号具有鲜明定位,有利于用户快速了解账号属性,例如所关注领域、账号内容是否与用户需求匹配等,从而在短时间内吸引目标受众群体,使其认识到该账号在同领域中的独特性与稀缺性,从而占领用户心智,使其产生持续关注并了解更多账号内容的需求。

- 明确内容生产方向。账号定位是根据创作者自身的内容创作能力、用户的内容需求和未来变现途径做出的,账号定位是内容生产的导向标,有助于创作者走在正确创作轨道上并持续产出高质量内容,保证账号稳定运营。

- 获得平台流量扶持。就平台来说,在特定领域能够产出优质内容的账号是一种重要的变现资源,拥有越多的优质创作者,越能够为平台吸引更多流量,为规模化的推广变现提供条件。因此,平台会对那些有潜力的账号进行扶持,以促进账号成长,并在未来创造出更大的价值。

(2)账号定位的 5 个原则

账号定位关系到未来的创作方向,也决定了账号会吸引什么样的用户群体,采用怎样的变现模式、内容布局与涨粉策略,引流效果如何。通常,账号定位越精准,越容易吸引到目标受众,粉丝黏性越强,越有可能实现变现。合适的账号定位并不是完全根据主观意愿做出的,而要遵循一定的原则,如图 3-2 所示。

① 垂直原则

一个账号通常只针对特定用户群体,

图 3-2 账号定位的 5 个原则

专注于一个细分领域进行垂直方向内容的创作,如果想同时迎合多领域广泛群体的关注，则在创作时容易出现内容杂糅、缺乏叙述重点等问题，由此导致内容质量低下，最终难以获得任何一个受众群体的支持。

② 价值原则

自媒体作者创作的内容本质上也是一种精神文化产品，是产品就有其对应的价值，价值高低是影响作品是否吸引人的重要因素。内容价值可以体现在多个方面，例如娱乐享受价值、视觉听觉享受价值、知识获取价值、精神鼓励价值等。就受众群体来说，只有有价值的内容才值得花费时间和精力去关注。从当前各大内容平台的创作生态看，创新、有趣、实用、具有一定专业性的内容是主流的内容价值方向。

③ 深度原则

该原则要求创作者在进行创作时，应该根据所定位的方向创作出有价值、有深度的内容，而不能浮于表面，要避免使用那些低级趣味、毫无"营养"、肤浅的创意，即使是简单内容，也应该从内容主题、立意等方面进行深入挖掘，让用户体会到该作品的价值所在。

④ 差异原则

差异原则，即要求内容定位、账号定位避免同质化，应该富有新意，突显出差异性，从而给用户留下深刻印象，促使用户主动关注账号动态。要营造个性与差异，可以从多个方面入手，包括关注领域、内容表现形式、内容结构、拍摄方式、表现场景、视觉效果等，通过融合不同要素来塑造个性化的 IP 或人设。新人创作者可以先从自己擅长的领域或微小的差异入手，逐渐摸索出适合自己的差异化创作方向。

⑤ 持续原则

从新进 IP 到知名头部 IP 的成长不是一蹴而就的，这往往需要数月甚至数年的积累与沉淀。因此，持续创作显得尤为重要。同时，基于平台的推荐算法规则，账号如果无法保持持续、稳定的更新频率，权重则可能下降，推荐率、曝光率也会随之降低。另外，已关注账号的用户也可能因为博主长久未更新而遗忘或取消关注，造成用户流失。

02 细分赛道：垂直细分领域选择的 3 大工具

随着小红书用户量的急剧增长，加上自媒体内容的变现模式逐渐成熟，越来越多的用户加入了创作者行列，在内容、流量等方面的竞争也越发激烈。在这一背景下，根据特定群体进行细分垂直定位，是新人博主实现快速涨粉、引流、变现的有效途径。

根据一般经验我们可以知道，一个行业新人要进入成熟市场，其"可图"的利益是非常有限的。在内容创作领域也是如此，新人博主要进入由资深博主深耕已久的"赛道"，一般很难追赶上其成绩（包括内容、流量等方面的积累），甚至出现费力不讨好的情况。因此，新人博主需要对平台市场做深入、详细的分析，针对某一个细微领域，创作出专业性较强的、有深度的内容。

例如，如果将有较高热度的母婴产品作为创作的大方向，那么可以以尿不湿产品为核心，进行相关知识、经验的专业化分享，将账号塑造成为该领域的第一名，由此获得用户的广泛认可。这样，如果能够持续保持该优势，就能够持续获得收益。

在选择创作方向时，可以选择那些比较小众、但容易受到女性用户青睐的赛道。小众的市场还不饱和，竞争还不充分，因此有较大的发挥余地。需要注意的是，小众化运营的核心原则在于要符合小红书大部分用户——年轻女性用户的需求，从而获得较好的市场基础。同时，由于该类用户群体的客单价较高，即使账号的粉丝量有限，也可能实现可观的变现效果。

目前，小红书平台大致有 15 个热门赛道，包括美妆护肤、时尚穿搭、珠宝配饰、美食饮品、家居家装、母婴早教、健身减脂等领域，每个领域下又可以细分为不同品类，其二级细分品类超过 200 个。具体的赛道分类如图 3-3 所示。

新手博主在确定创作领域时，需要先选择大的品类，如果一级类目确定的领域是时尚穿搭，则二级类目的品类可以细分为穿搭、发型、箱包、鞋靴、配饰等类型；明确品类后，则可以考虑内容形式，包括穿搭时尚知识、穿搭搭配方案、每日穿搭分享、服装测评、服装挑选攻略、发型搭配、鞋箱包搭配等；有了大致思路以后，可以根据人设属性、拍摄难度、涨粉预期等要素，选择一个能够长期持续创作的方向。

创作者在选择细分领域的同时，还应该以自己熟悉、擅长的领域为重要参考。需要注意的是，对于创作者来说，有兴趣的领域并不代表擅长的领域，而创作者选择创作方向时要从擅长的领域入手，例如具备某方面的专业技能，或因兴趣爱好、职业等因素而在某一领域有丰富的经验、深厚的知识储备或掌握特定的资源。

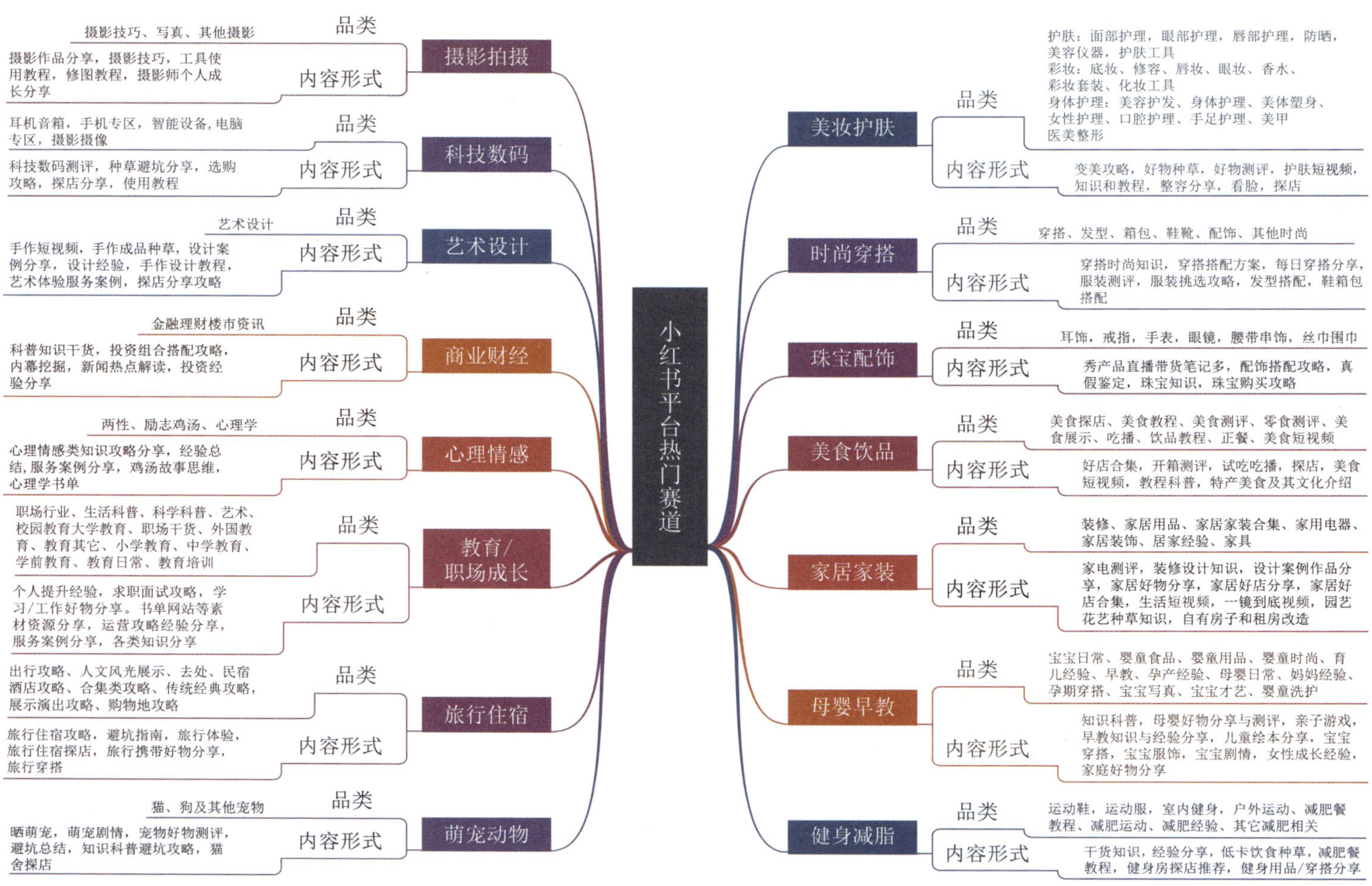
小红书平台热门赛道
摄影拍摄
品类
摄影技巧、写真、其他摄影
内容形式
摄影作品分享，摄影技巧，工具使用教程，修图教程，摄影师个人成长分享
科技数码
品类
耳机音箱，手机专区，智能设备，电脑专区，摄影摄像
内容形式
科技数码测评，种草避坑分享，选购攻略，探店分享，使用教程
艺术设计
品类
艺术设计
内容形式
手作短视频，手作成品种草，设计案例分享，设计经验，手作设计教程，艺术体验服务案例，探店分享攻略
商业财经
品类
金融理财楼市资讯
内容形式
科普知识干货，投资组合搭配攻略，内幕挖掘，新闻热点解读，投资经验分享
心理情感
品类
两性、励志鸡汤、心理学
内容形式
心理情感类知识攻略分享，经验总结，服务案例分享，鸡汤故事思维，心理学书单
教育/职场成长
品类
职场行业、生活科普、科学科普、艺术、校园教育大学教育、职场干货、外国教育、教育其它、小学教育、中学教育、学前教育、教育日常、教育培训
内容形式
个人提升经验，求职面试攻略，学习/工作好物分享。书单网站等素材资源分享，运营攻略经验分享，服务案例分享，各类知识分享
旅行住宿
品类
出行攻略、人文风光展示、去处、民宿酒店攻略、合集类攻略、传统经典攻略，展示演出攻略、购物地攻略
内容形式
旅行住宿攻略，避坑指南，旅行体验，旅行住宿探店，旅行携带好物分享，旅行穿搭
萌宠动物
品类
猫、狗及其他宠物
内容形式
晒萌宠，萌宠剧情，宠物好物测评，避坑总结，知识科普避坑攻略，猫舍探店
美妆护肤
品类
护肤：面部护理，眼部护理，唇部护理，防晒，美容仪器，护肤工具
彩妆：底妆、修容、唇妆、眼妆、香水、彩妆套装、化妆工具
身体护理：美容护发、身体护理、美体塑身、女性护理、口腔护理、手足护理、美甲
医美整形
内容形式
变美攻略，好物种草，好物测评，护肤短视频，知识和教程，整容分享，看脸，探店
时尚穿搭
品类
穿搭、发型、箱包、鞋靴、配饰、其他时尚
内容形式
穿搭时尚知识，穿搭搭配方案，每日穿搭分享，服装测评，服装挑选攻略，发型搭配，鞋箱包搭配
珠宝配饰
品类
耳饰，戒指，手表，眼镜，腰带串饰，丝巾围巾
内容形式
秀产品直播带货笔记多，配饰搭配攻略，真假鉴定，珠宝知识，珠宝购买攻略
美食饮品
品类
美食探店、美食教程、美食测评、零食测评、美食展示、吃播、饮品教程、正餐、美食短视频
内容形式
好店合集，开箱测评，试吃吃播，探店，美食短视频，教程科普，特产美食及其文化介绍
家居家装
品类
装修、家居用品、家居家装合集、家用电器、家居装饰、居家经验、家具
内容形式
家电测评，装修设计知识，设计案例作品分享，家居好物分享，家居好店分享，家居好店合集，生活短视频，一镜到底视频，园艺花艺种草知识，自有房子和租房改造
母婴早教
品类
宝宝日常、婴童食品、婴童用品、婴童时尚、育儿经验、早教、孕产经验、母婴日常、妈妈经验、孕期穿搭、宝宝写真、宝宝才艺、婴童洗护
内容形式
知识科普，母婴好物分享与测评，亲子游戏，早教知识与经验分享，儿童绘本分享，宝宝穿搭，宝宝服饰，宝宝剧情，女性成长经验，家庭好物分享
健身减脂
品类
运动鞋，运动服，室内健身，户外运动、减肥餐教程、减肥运动、减肥经验、其它减肥相关
内容形式
干货知识，经验分享，低卡饮食种草，减肥餐教程，健身房探店推荐，健身用品/穿搭分享
图 3-3　小红书平台热门赛道

即使是活跃于同一个领域的不同创作者，所擅长的内容方向也是不同的。例如有的创作者具有较强的语言文字能力，但性格内向腼腆不擅于在镜头前表达，则可以主攻图文形式的笔记内容；有的创作者擅于挖掘产品的使用潜力，能够从多个角度描述产品体验，并根据需求做出正确的购买决策，那么可以尝试创作评测类内容。

当确定了大致的创作方向以后，还要对具体的创作领域进行细分，尽可能与目标用户群体精准匹配，这样既有助于凸显账号特色，在众多同类创作者中脱颖而出，还有助于实现用户转化。新人博主应该如何了解各个行业有哪些细分领域呢？以下介绍三种比较全面的数据分析工具，创作者可以利用这些工具了解相关平台的内容生态情况。

（1）百度指数数据分析平台

百度指数是一个基于互联网用户行为数据的综合数据分析平台，功能模块包括需求图谱绘制、趋势研究、人群画像等。根据平台对搜索关键词的量化统计情况，我们可以了解到不同行业、领域的用户都在关注什么，以及社交网络的舆情热点、舆论变化。百度指数官方网站的用户界面如图 3-4 所示。

图 3-4　百度指数官方网站的用户界面

由于用户在百度上搜索的内容和在小红书上搜索的内容存在一定的共通性，例如通过搜索了解某款产品的性能、用户体验，了解某个品牌的口碑等。因此，我们可以基于百度指数的需求图谱模块，选择出可以辅助创作的关键词，对标用户需求进行创作。

（2）千瓜数据分析平台

千瓜数据分析平台是一个比较全面、专业的小红书营销数据分析平台，数据统计范围覆盖图文、视频、直播三大板块的 1 亿多个达人账号，有专业的数据分析团队，能够提供行业品类趋势分析、用户画像洞察、热搜词解析等多个方面的数据服务。千瓜数据分析平台的用户界面如图3-5所示。

图3-5 千瓜数据分析平台的用户界面

平台主页设置了"品牌/品类"搜索功能，可以辅助用户针对某一品牌下的具体产品或某一品类进行数据分析，其搜索路径可以从品类大类到一级分类，再到细品类，也可以直接输入商品名称、品类名称。

新人博主依托千瓜数据平台上的海量数据资源，深入了解相关品类或产品的营销推广情况，并根据自身需求构建专门的品类信息库。

（3）婵小红数据分析平台

婵小红数据分析平台可以实现对小红书博主账号、笔记、合作品牌、热搜词或热门话题等多维度的数据监测、统计与分析，是新人博主明确创作方向的重要工具。平台对不同赛道、层级有着细致的标签划分，例如教育赛道，向下可以细分为学前教育、小学教育、中学教育、大学教育、职业培训、外语教育、教育日常等7个类别。博主可以根据自己擅长的领域进行查找定位，婵小红数据分析平台的搜索界面如图3-6所示。

图 3-6 婵小红数据分析平台的搜索界面

03 打造人设：爆款 IP 的两种策略

在小红书平台中，创作者的账号定位决定了账号价值及其变现能力。根据实践经验来看，成功的 IP 定位一般包含定位清晰、有成长空间、商业价值较高、能够持续创作 4 大要素，如图 3-7 所示。

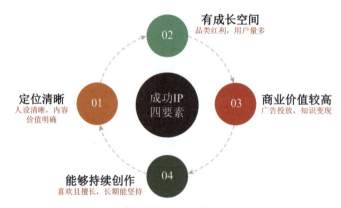

图 3-7 成功的 IP 定位的 4 大要素

- 定位清晰：要求 IP 或账号有清晰、鲜明的设定，即博主人设要有识别度，用户在看到账号内容、简介后，可以快速了解到账号是做什么的，能够为其带来怎样的价值。
- 有成长空间：IP 的成长空间取决于博主所定位的赛道、专注的创作方向，博主应该尽量选择有较大成长空间的领域，从而确保账号持续运营。
- 商业价值较高：即 IP 的变现能力，笔记内容变现途径主要有知识变现和广告变现两种，前者的实现路径有开设付费课程、文章付费阅读等；后者则主要通过与品牌方合作推广来实现变现。

- 能够持续创作：即创作者应该保持一定的更新频率，持续进行创作，这样才能逐渐积累起一批忠实的粉丝。

那么，如何找到正确的账号定位呢？许多博主也并不清楚自己应该做哪一方面的内容。这里主要介绍定位三象限和定位四分法两种方法，帮助博主了解自身优势，为账号定位提供参考。

（1）定位三象限

定位三象限中主要包含了"我喜欢什么""用户喜欢什么""竞争对手在做什么"三个要素，创作者可以从这三个问题出发，分析确定适合自己的创作方向，如图3-8所示。

图3-8　账号定位三象限

① 我喜欢什么

我喜欢的事物可以理解为投入较多精力关注的事物，具体可以是爱好、职业或生活。

- 爱好：主要是指创作所关注的、感兴趣的事物，例如化妆、穿搭、乐器演奏等，这里不仅仅是喜欢，还要对爱好有相当的了解，能够将相关认知、经历转化为实际的内容产出，如果该爱好恰好与用户需求点匹配，则这个点可以作为定位点。
- 职业：创作者长期从事的职业的相关经验和知识可以作为输出内容，例如财务分析师可以围绕财务知识做定位，心理咨询师可以围绕心理知识做定位等。
- 生活：博主所属群体或生活状态，例如留学生、普通上班族、"家庭煮夫"等，这实际上是树立一种鲜明的人设，通过记录个人生活状态，引起用户共鸣，从而吸引用户关注。

② 用户喜欢什么

创作者应考虑自己作品的主要受众群体是哪些，用户画像怎么样，此类用户的需求点是什么，等等。新人博主可以利用前述数据分析平台进行分析、调研。

③ 竞争对手在做什么

创作者可以找一些同领域、同一创作方向的达人博主作为对标账号，分析其内容和产出模式，有什么优势以及哪些地方值得借鉴等。

（2）定位四分法

定位四分法主要包含"我是谁""我做过什么""擅长做什么""想分享什么"四个维度，博主可以通过回答这四个问题，绘制一幅"人设定位地图"，如表3-1所示。

表 3-1　小红书账号定位四分法

定位四分法	具体内容
我是谁	创作者需要明确自己的标签属性，包括年龄、性别、昵称、在生活中扮演的角色、价值观等，详尽的标签内容有利于丰富人设，拓展选题方向
我做过什么	包括创作者的工作经验、生活经验、情感经历等，可以是失败教训的总结，也可以是成功经验的分享
擅长做什么	博主擅长的事物，可以是生活和工作中取得的成绩，例如在子女教育方面的成果分享，或哺乳、育儿方面的知识分享
想分享什么	博主要明确自己的创作方向，并评估该创作方向是否有充足的素材保证持续更新，有怎样的变现途径等。例如知识区博主需要分析知识体系、打磨产出内容，明确哪些内容可以用于免费引流，哪些内容可以进行包装、变现

04 强化标签：精准覆盖目标用户群

小红书平台赋予创作者的标签是其作品类型、内容属性的直接体现。当创作者发布作品时，系统会根据作品标题、内容或其他规则为创作者和作品贴上标签。例如，如果账号发布的大部分内容与食物相关，则该账号就会被赋予"美食"的标签。

这些标签是系统根据用户需求匹配推荐内容的依据，与搜索关键词精准匹配的作品通常更容易被推荐。同时，系统会根据算法模型、作品标签、用户画像等因素在首页、笔记结尾等场景中推荐热度较高的笔记内容。

不同账号、笔记内容的标签也有层级细分，例如美食相关的笔记内容又可以分为探店、评测、制作教程，或烘焙、零食等标签。品牌方可以根据这些标签快速了解达人博主的发文情况，从而筛选出有意向与之合作的博主。

从账号运营的角度看,博主的发文往往不局限于单一领域,因此一个账号可能同时被赋予多种标签,而主要的标签类型是由该账号发布的占大多数的作品类型决定的。根据标签类型,该账号的内容也会更多地被推荐给与标签匹配的用户群体,从而提高账号获取粉丝的可能性,提高该账号内容在社群内的曝光率和转化率。

小红书标签是一种重要的引流途径,创作者在发布笔记的同时可以为笔记添加话题,添加话题的笔记可以在发布的 24 小时内获得较高的曝光度,如果互动量较大、正向反馈较多,则该笔记会被收录到热门话题板块中。

(1) 小红书标签有哪些类型

总体来看,小红书平台的标签主要分为以下 5 种类型,如图 3-9 所示。

图 3-9 小红书标签的 5 种类型

① 热门话题标签

创作者在发布作品时,系统会根据笔记内容向博主推荐热门标签,博主可以根据这些标签的热度排名选择并添加适合的标签。

② 自定义标签

博主可以根据笔记内容自主创建标签,常用在步骤讲解类的笔记中。

③ 地址标签

常用于旅行、游记、活动打卡类的笔记中,系统会将带有此类标签的笔记推荐给地址标签对应的用户群体。

④ 品牌标签

常用于分享类笔记中,添加该标签有助于笔记精准匹配到需求用户。

⑤ 产品标签

在好物分享类的笔记中,可以通过添加产品标签来提升笔记的曝光率。

(2) 标签怎么自定义

小红书标签的自定义功能,具体操作步骤如下:

步骤 1:打开小红书 App,点击下方的"+"按钮,开始编辑笔记,从相册里选择合适的照片或视频素材,点击"下一步",然后选择屏幕下方的"文字"选项,如图 3-10 所示。

图 3-10 选择素材

步骤 2：点击"标签"选项就可以进入添加页面，在搜索栏里输入自定义的内容后，点击右侧的对号即可，如图 3-11 所示。

图 3-11 添加自定义标题

步骤3：输入自定义标签内容后，选择"下一步"进入发布页面，填写标签、添加正文后，可以选择下方的话题标题，如"#旅游""#亲子游"，最后发布笔记内容，如图3-12所示。

图3-12　添加话题标签

（3）如何运营账号标签

对于账号标签的运营，博主可以通过参考同领域热门作品、关注近期热点等途径来提高内容的垂直度和精准度。账号定位越垂直，根据标签被吸引的用户越精准，则越有可能获得粉丝关注，促进流量增长。因此，标签是精细化运营的基础，合适的标签可以有效提升关注度和转化率，并吸引到有着相应需求的粉丝和品牌，博主要积极总结经验，并利用各类数据分析工具，提升自身账号标签运营的能力。

第 4 章
权重规则：小红书平台流量推荐机制

01 流量入口：小红书流量 5 大来源

随着小红书的用户数量越来越多，小红书中的流量对各个品牌的吸引力也越来越大，许多品牌开始重视小红书平台中的产品营销和推广，并进入平台参与对流量的争夺。为了充分利用小红书进行营销推广，小红书博主需要对小红书的推荐机制和推荐原理等进行深入了解，提高营销的针对性和有效性。

具体来说，小红书中的流量主要来自发现页、搜索页、关注页、本地页和视频页的推荐，如图 4-1 所示。平台会采集用户的兴趣爱好、浏览习惯、搜索内容、位置信息、关注情况等诸多相关信息，并根据对这些信息的深入分析有针对性地向用户推荐笔记，在平台的笔记推荐中，用户既可以浏览到素人笔记，也可以阅读或观看达人笔记。

图 4-1 小红书的流量来源

（1）发现页：兴趣流量

发现页是小红书首页中的一个页面，能够向用户展示平台针对其兴趣爱好、浏览习惯、搜索内容、关注情况等信息推送的优质笔记，如图4-2所示。一般来说，发现页中的笔记通常具有笔记设置标签与用户喜好相符的特点，因此博主若要让自己的笔记登上目标用户的发现页，就必须了解用户的兴趣和习惯，并据此设置笔记标签和账号标签，同时也要提高笔记标签和账号标签与用户标签之间的契合度，以便平台发现双方之间的联系，将笔记精准推送给目标用户。

图 4-2　小红书平台发现页

（2）搜索页：搜索流量

搜索页是用户点击搜索框查询信息时出现的页面，根据用户在搜索框中输入的信息向用户精准呈现对应内容，具有目的性强、流量精准等特点，如图4-3所示。一般来说，搜索页中的笔记都包含用户搜索的关键词，精准对应用户需求，因此博主必须提高对搜索入口的重视程度，利用搜索页来针对用户需求进行营销推广，将各项符合用户需求的关键词加入产品推广笔记当中，以便让用户在搜索时能够优先发现该笔记。

图 4-3　小红书平台搜索页

（3）关注页：粉丝流量

关注页是向用户展示已关注博主的账号笔记的页面，能够为博主的笔记带来粉丝流量，让博主的笔记拥有更好的数据，如图 4-4 所示。一般来说，粉丝量大的博主的笔记能够获得更多的收藏、点赞和评论数，且笔记前期启动速度快，能够迅速进入更大的流量池中，因此博主需要积累大量粉丝，利用粉丝来提高笔记指标，获取大量流量。

（4）本地页：位置流量

本地页是根据用户的定位信息向其推荐同城内容的页面，本地页中的笔记通常带有定位信息，能够直接显示出与用户之间的距离，为用户获取同城信息提供方便，探店博主和商家等小红书用户也可以通过在笔记中加入位置标签的方式来获取本地流量，如图 4-5 所示。

图 4-4　小红书平台关注页

(5)视频页：兴趣流量

视频页是向用户展示视频笔记的页面，也是当前小红书给予一定流量倾斜的页面，如图4-6所示。与图文笔记相比，视频笔记的平均互动数据更高，新增数量也更多。由此可见，短视频流量是小红书平台中的重要流量，博主在利用小红书进行产品营销和推广时需要加大对视频笔记创作的重视程度，积极利用视频笔记来获取短视频流量。

图4-5　小红书平台本地页　　　图4-6　小红书平台视频页

来自发现页、搜索页、关注页、本地页和视频页的流量是小红书平台中的主要流量，除此之外，小红书中的消息推送、直播广场和话题洼地等板块也能为博主带来一定的流量，但这些流量入口所带来的用户流量较少，难以像以上5个主要的流量入口一样对博主的账号形成较大影响。

02 流量机制：推荐规则与分发机制

（1）流量推荐规则

小红书与其他短视频平台的流量推荐规则相似，具体来说，小红书的流量推荐规则可分为内容标签匹配和社交关系链推荐两种类型。

① 内容标签匹配

内容标签匹配主要体现在以下三个方面，如表 4-1 所示。

表 4-1　内容标签匹配

内容标签匹配	具体体现
机器算法推荐	小红书能够分析用户的兴趣爱好和搜索情况等信息并据此向其推送相应的笔记，在充分满足用户需求的同时提高笔记收藏数
阅读延伸推荐	小红书能够根据用户已浏览的笔记向其推荐其他相关笔记，针对用户的阅读兴趣进行进一步延伸，从而让这些笔记获得更多的点赞、收藏和转发数
编辑推荐	小红书能够利用自身的官方号来收录和推荐用户发布的优质笔记，让一些优质笔记能够有更好的数据

② 社交关系链推荐

社交关系链推荐主要包括以下两个方面，如表 4-2 所示。

表 4-2　社交关系链推荐

社交关系链推荐	具体内容
基于好友关系的推荐	小红书可以在关注页中向用户推荐其已经关注的各个博主所发布的笔记
基于距离的附近推荐	小红书可以根据用户的位置信息向其推荐周边 20km 以内的博主发布的笔记

小红书平台只能向用户推荐已收录的笔记，因此为了提高笔记的阅读量、点赞数、收藏数和评论数，博主必须确保自身发布的笔记能够被平台收录到推荐池当中。对小红书中的博主来说，可以通过直接搜索笔记或利用灰豚数据红薯版等第三方工具来检测笔记是否被平台收录，未被平台收录的笔记可能存在违规等问题，博主需要检测笔记中是否存在违禁词并对笔记进行修改，也可以直接与平台客服进行沟通，及时找出笔记中存在的问题，以便对笔记进行调整。

（2）小红书流量分发机制

小红书流量分发机制就是内容标签匹配。具体来说，内容标签指笔记所涉及的各个标签，小红书平台会将笔记中的内容拆分成若干与之相关的标签，并根据这些标签将其推送给关注这些内容的用户。

- 内容侧：小红书平台会根据笔记的标签来分析和理解笔记中的图片和文案。

- 用户侧：小红书会采集用户信息，掌握用户近期的阅读偏好，并利用标签来对用户近期的阅读偏好进行分类，以便为用户精准推荐笔记。

从本质上来看，小红书的流量分发机制就是通过匹配内容标签和用户标签的方式来向用户推送笔记内容。小红书通常使用名为CES（Community Engagement Score，社区参与度得分）的内容算法来对笔记进行评分，并根据评分来为笔记提供流量扶持，具体来说，小红书平台会在向用户推荐符合其阅读需求的笔记后广泛采集用户行为信息，并通过对这些信息的分析来对笔记进行内部打分，以便根据打分结果决定该笔记的后续推送情况。CES的计算公式如下所示：

CES = 点赞 1 分 + 收藏 1 分 + 转发 4 分 + 评论 4 分 + 关注 8 分

CES在小红书中的应用始于2017年，其判断指标正在随着使用时间的增长而不断丰富，近年来，各个品牌方都积累了大量在小红书中进行营销投放的实践经验，并逐步将点击率、互动率、完播率和互动值作为衡量内容投放效果的重要指标。

粉丝的交互行为是内容算法对笔记进行投放效果分析的核心内容，也是衡量笔记内容质量的重要参考。一般来说，无论博主拥有多少粉丝，得分较高的笔记都会获得小红书平台的流量扶持，并被推送给更多用户。

不仅如此，高分笔记在站内搜索、被动搜索等方面也具有较大优势，能够获取持续性的流量支持，并凭借长尾效应在几个月后甚至几年后继续获得用户的浏览、点赞、评论和收藏。

与抖音相比，小红书的流量分发机制对账号已有粉丝的数据反馈的重视程度相对较低，但对整个平台中所有测试用户的数据反馈有着较高的关注度，账号已有粉丝的数据反馈并不会对笔记的推荐流量造成较大影响，由此可见，小红书具有去中心化的特点，能够利用KOC实现有效推广。在小红书中，当博主发布高质量、高价值的笔记时，即便账号粉丝数较少也能得到平台的流量支持，并在平台的支持下凭借优质笔记来实现粉丝数的大幅增长。

03 算法机制：流量推荐的3个环节

从首页设置方面来看，小红书与抖音中均设置了关注和同城页面，且小红书中的发现页与抖音中的推荐页基本相同；从推荐机制方面来看，小红书与抖音都采用兴趣推荐的方式来向用户推送与其标签相符的内容，且都通过针对用户反馈信息动态调整流量分发的方式来提高用户留存数和用户增长数，优化用户的使用感受。

从算法的层面上来看，小红书线上推荐流程大致可分为三个环节。

首先，小红书会利用内容算法从每天平台上发布的大量笔记中筛选出一部分优质笔记作为候选集，并对被纳入候选集的笔记进行初排。

小红书中的笔记主要包括图文笔记和视频笔记两种类型，公开数据显示，小红书在使用算法对图像进行特征提取时的准确率高达85%，覆盖率约为73%，综合图文信息进行特征提取的准确率高达90%，覆盖率也进一步提高到了84%，这在一定程度上为实现反作弊提供了支持。

其次，小红书按照笔记的用户行为所创造的价值打造出一个推荐预测模型，并利用该模型来预估笔记的用户浏览量、用户点赞数、用户收藏数和用户评论数，以便根据预估结果对平台中的各个笔记进行打分。

具体来说，小红书预测推荐模型能够实现对点击、保持、喜欢、评论、分享、关注等9项内容的预测。小红书每天会使用大约5亿点击样本来进行模型训练。小红书通常会广泛采集大量由各个笔记带来的用户行为信息，并对这些信息进行统计和分析，以便从中提取出一些静态信息和动态特征用于描述用户和笔记。静态信息和动态特征的内涵如表4-3所示。

表4-3　静态信息与动态特征的内涵

概念	内涵
静态信息	小红书需要借助用户画像和笔记画像来判断笔记的内容质量，一般来说，用户画像主要包括性别、年龄等，笔记画像则涉及作者打分、笔记质量、标签和主题等内容
动态特征	指用户在使用小红书的过程中所产生的点击、评论、点赞等行为的相关信息，小红书会采集笔记的曝光、点击、查看和回退等信息，并利用算法来实时分析产生这些用户行为的原因，以便为用户行为预测和笔记推荐提供支持

最后，小红书还会利用各种策略来对评分较高的笔记进行多样性调整。在小红书中，笔记是否能够受欢迎并不完全受账号的粉丝数量的影响，笔记的内容才是决定其能否受欢迎的关键，因此，对粉丝数量较少的博主来说，只要能够创作出优质的笔记就能够得到平台的流量支持，并借助平台的支持提高粉丝数量。对于高分笔记，小红书会给予一定的站内流量扶持和百度搜索流量扶持，让笔记能够拥有长期流量，维持曝光度，在发布后的较长一段时间内持续获得用户的点赞、评论和收藏。

04 权重机制：提升权重的 4 个因素

笔记的点击数、点赞数、展示位置、收录速度等与账号权重息息相关，权重较低的账号难以登上平台的首页，也难以在搜索页面中进入前排，因此无法获得较多的曝光量。为了让笔记能够获得更好的数据和更多的流量，小红书账号的运营人员需要提高账号的权重。

在小红书中，账号的权重主要受内容原创度、内容垂直度、内容质量和账号活跃度等 4 项因素的影响，如图 4-7 所示。

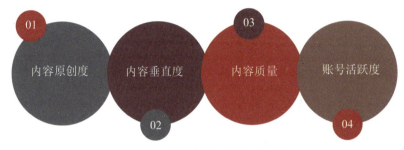

图 4-7　小红书账号的权重因素

（1）内容原创度

内容原创度就是小红书账号中的图片和文字等内容的原创性，原创性和内容质量较高的笔记通常具有较高的价值，能够提高账号的权重，也就是说，只要账号不断发布原创的高质量笔记，就会积累起较高的权重。

（2）内容垂直度

内容垂直度是指账号所发布的笔记在内容上的一致性，例如，持续发布美食相关笔记的账号为美食类垂直账号，持续发布美妆相关笔记的账号为美妆类垂直账号。小红书会采集账号信息，了解账号所发布的内容的垂直领域，并根据账号所发布的内容给账号打上相应的标签。对小红书中的博主来说，需要明确自身的发展领域，并不断加深对该领域的研究，通过持续发布该领域相关的优质笔记的方式来提高账号权重，同时这也有助于提高系统推送的精准度和笔记的曝光量。

（3）内容质量

在内容质量方面，小红书账号的运营人员既要确保笔记内容的原创性，也要加强对笔记内容的研究，多发布对用户有价值的笔记，通过提高笔记的阅读量、曝光量、点赞量、收藏量和评论量等数据的方式来提高账号的权重。

对于新手来说，在初期尽可能选择官方发布的话题创建话题笔记，根据任务去积累点赞量、评论量、收藏量，关注同领域账号且与其互动，先提升账号权重，再去打造爆款。那么，小红书官方账号有哪些呢？博主应该通过哪些渠道寻找话题呢？下面我们整理了小红书平台的各个官方账号以及各自的账号特性，如图4-8所示。

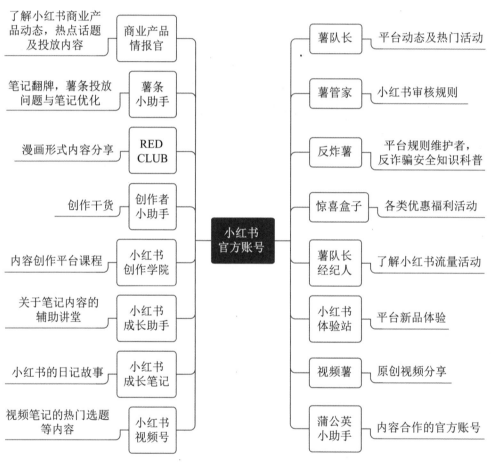

图 4-8 小红书官方账号

（4）账号活跃度

账号活跃度通常涉及浏览量、粉丝数、好友数、发布数量等多项内容，因此小红书账号的运营人员若要提高账号的活跃度就必须保证账号实现全面发展，在实际操作中，小红书账号的运营人员需要通过使用该账号来阅读、点赞、收藏和评论其他笔记的方式来促进账号全面均衡发展，进而达到提高账号权重的目的。

在实际操作中，小红书账号的运营人员需要点击等级图标来查看任务，并按照任务要求完成任务，提升账号的等级和权重，以便得到更多平台特权。例如，当小红书账号的运营人员需要将账号等级提升至甜筒薯时，可以在等级图标中了解到实现升级一共需要发布 12 篇点赞数不低于 50 或收藏数不低于 10 的笔记，且其中 3 篇笔记需要是参加话题活动的视频笔记。

Part 2
爆款笔记篇
>

第 5 章
爆款选题：热门选题挖掘的 3 大维度

01 平台挖掘：获取流量倾斜的方法

小红书中有大量涉及各个领域的笔记，但只有高质量的笔记才能得到用户的点赞、评论和收藏。为了打造爆款笔记，小红书笔记的创作者们需要加大选题研究力度，对与自身相关的热门选题进行深挖，充分确保自身选题的独特性和精细化。

具体来说，小红书笔记的创作者可以从平台、博主和自我三个层面来确定笔记的选题。下面我们首先来分析，新手博主如何从小红书平台挖掘选题。

（1）笔记灵感

小红书平台中设置了"创作灵感"功能，博主们可以通过该板块来获取笔记创作灵感。具体操作步骤如下：打开小红书 App，点击右下角的"我"，跳转到个人主页后可以看到"创作灵感"板块，博主可以在"创作灵感"中找到活动、推荐、户外、校园、职场、生活碎片、时尚、美食等多种内容，并从中获取笔记创作灵感，创作出新的笔记，同时也能够得到平台的流量支持，甚至可能会凭借该笔记进入优秀创作者荣誉榜单。操作流程如图 5-1 所示。

（2）搜索栏

① 搜索栏下拉关键词

在小红书中，当用户将关键词输入搜索栏时，搜索栏会自动弹出一整列按照笔记数量、用户搜索频率和系统推荐热度综合排序的相关词，其中笔记数量多、用户搜索频率高、热度高的相关词通常排在整列相关词的上半部分，因此博主需要加大对搜索栏下排位靠上的各个相关词的关注，在进行笔记创作时也可以根据这些相关词来确定选题。比如我们搜索关键词"母婴"，就会出现一系列的关联词，如图 5-2 所示。

图 5-1 小红书"创作灵感"功能

② 搜索结果的关键词标签和相关搜索

在小红书中,当用户对关键词进行搜索后,搜索页面中通常会出现一列与该关键词密切相关的关键词标签,如图 5-3 所示,如果用户点击这些关键词标签,就会进入该关键词标签的搜索页面中,发现大量相关笔记。不仅如此,当用户继续下拉搜索页面,就会发现该页面中也有一列相关关键词标签。

对小红书博主来说,搜索页面中的相关关键词标签也是创作灵感的来源,在进行笔记创作时可以从这些相关关键词标签出发来确定选题。

③ 搜索后搜索栏展示的默认词、猜你想搜、搜索发现

在小红书中,用户不仅可以直接搜索关键词,还可以在对关键词进行搜索后重新在搜索栏下面找到"猜你想搜"和"搜索发现"功能,如图 5-4 所示。

图 5-2 搜索栏下拉关键词

其中,"猜你想搜"会向用户展示与已搜索关键词相关的关键词,"搜索发现"会为用户提供最近一段时间内平台中搜索和讨论的热点话题。对小红书博主来说,可以根据"猜你想搜"和"搜索发现"中的信息来确定自身的笔记选题。

图 5-3　搜索结果关键词

图 5-4　"猜你想搜"和"搜索发现"功能

（3）发现页

小红书平台首页中的"关注""发现"和"附近"三个板块是平台进行内容分发的主要页面。

在这三个板块中,"发现"所带来的流量最多。一般来说,小红书平台能够广泛采集和分析用户的搜索习惯、关注账号、关注话题等各类信息,并根据分析结果向用户推送符合用户兴趣爱好和实际需求的笔记,让用户能够直接在"发现"页面找到感兴趣的内容,如图 5-5 所示。对小红书博主来说,在创作笔记时可以从这些笔记中获取灵感,并找到合适的选题。

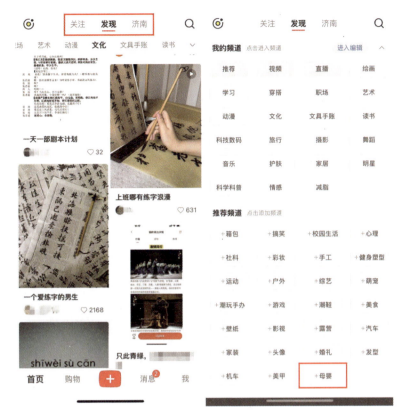

图 5-5 小红书"发现"页功能

02 对标账号：向优秀博主学习借鉴

（1）对标账号

小红书博主在创建账号时需要先确定对标账号，并深入研究对标账号中发布的笔记，将这些笔记的选题作为自身笔记创作的参考，但也要在参考的同时融入自身的风格和独特的内容。

为了更好地运营账号，博主需要寻找对标账号，并多向优秀博主学习账号运营方法。具体来说，在寻找和分析对标账号方面，新手博主需要完成以下几项工作，如图 5-6 所示。

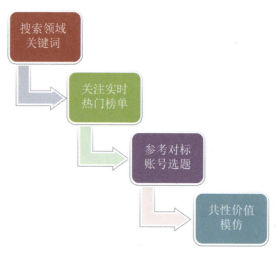

图 5-6　对标账号分析

步骤 1：搜索领域关键词。博主可以通过搜索品类关键词的方式来找到热门笔记，并对页面中排在前 50 的笔记所属的账号进行分析，从中选出适合自己的对标账号。

步骤 2：关注实时热门榜单。博主可以在数据平台中找出 1 万～ 5 万粉丝数博主的热门笔记，下载并导出当前最热门的 100 篇笔记，从中找出与自身账号风格和定位相符的账号作为对标账号进行学习。

步骤 3：参考对标账号选题。博主需要采集和分析对标账号的基础数据、内容类型和博主简介等信息，并对对标账号的选题进行深入分析，找出其中值得自己学习的地方，将这些内容整理成表格，作为自己进行笔记创作的选题库。

步骤 4：共性价值模仿。博主需要深入分析各个爆款笔记的封面、标题、正文、标签和形式等内容，挖掘这些笔记的核心关键词，找出爆款笔记的共性，并在创作笔记的过程中进行模仿，同时也要更进一步发散性学习。

（2）热门笔记

在小红书中，用户对关键词进行搜索后会出现大量与该关键词相关的笔记，用户可以根据自身的实际需求选择笔记排序方式。具体来说，小红书主要包括"全部""最新"和"最热"三种笔记排序方式。其中，"全部"是在综合分析各项数据后的排序；"最新"是按照笔记的发布时间排序；"最热"是按照笔记热度排序，如图 5-7 所示。

一般来说，能够在"全部"和"最热"的排序方式下进入的前100的笔记大多已经获得了大量用户的认可，因此可以作为博主笔记选题的借鉴与参考。

（3）高赞笔记

高赞笔记中具有许多值得推敲之处，为了创作出能够获得大量点赞的笔记，博主们需要深入研究高赞笔记获得点赞的原因，明确用户底层需求。不仅如此，部分爆款笔记甚至能够多次爆火，这类笔记也是小红书博主们研究和学习的重点，即便这些爆款笔记并不在自身所处的领域当中，也可以通过对这些笔记的挖掘来发现有价值的选题切入点。

（4）用户反馈

用户需求是小红书博主确定笔记选题时的一项重要参考因素，博主们可以采集和分析用户在笔记的评论区中的评论以及在私信中的留言等反馈信息，并从中找出能够充分满足用户需求的选题方向。一般来说，笔记评论区中点赞较高的评论和问题咨询类评论都是能够直接反应用户需求的评论，也是小红书博主在选题时需要加倍重视的问题。

图 5-7　小红书热门笔记排序

03 自我归纳：搭建优质选题素材库

小红书内容运营具有畅销经营的特点，小红书博主需要在明确账号定位的基础上通过长期稳定输出有价值的内容来提高账号粉丝的活跃度以及商业价值与变现的长效性。

为了确保自身能够持续稳定输出优质内容，小红书博主需要广泛采集选题素材，并建立与自身账号定位相符的选题库。一般来说，小红书博主的选题库主要包括爆款选题库、常规选题库和活动选题库三种类型。

(1) 爆款选题库

爆款选题库中的选题可分为热点型选题、事件型选题和舆论型选题三种，小红书博主可以根据平台指数和行业指数等相关数据来选择合适的选题。在建立爆款选题库的过程中，小红书博主既要从自身既定的账号定位、人设标签和内容战略出发来采集爆款内容相关信息，也要最大限度地避免触碰敏感话题和与社会主流价值观相悖的内容。

(2) 常规选题库

常规选题库中的选题可分为标签型选题、日常型选题和系列型选题三种，如表5-1所示。这三种选题是小红书笔记创作者持续稳定输出优质内容的重要保障。小红书博主在建立常规选题库时需要明确账号的商业定位、人设定位、内容定位和风格定位，了解各个类型的选题的特点，以便据此确定笔记的选题类型。

表 5-1　常规选题库中的 3 种选题类型

选题类型	主要作用
标签型选题	有助于小红书平台精准识别和划分账号和内容的类型，并根据账号标签和内容标签将笔记推送给关注相关内容的用户
日常型选题	有助于小红书博主针对自身账号的受众群体来塑造人设和打造 IP，以便充分确保自身所运营的账号的粉丝的活跃度和黏性
系列型选题	有助于小红书博主进一步刻画自身人设和 IP，并为小红书博主借助小红书平台中的搜索权重、推荐权重和用户体验来获取更多粉丝提供帮助，以便利用合适的选题和优质的笔记来优化粉丝体验

(3) 活动选题库

活动选题库是小红书中的企业账号、带货账号和电商账号实现有效营销和商业变现的重要支撑。一般来说，活动型选题库中的选题可分为广告型选题和营销型选题两种，如图5-8所示。

图 5-8　活动选题库的两大类型

对小红书博主来说，需要从自身既定的年度经营计划、季度经营计划和月度经营计划出发，充分了解以上两种选题类型的笔记的投放预算、投放时间和投放形式等，并结合自身的整体营销计划来确定笔记选题。

除此之外，小红书笔记创作者还可以积极参加小红书平台发起的各类活动，通过参与一些与自身账号定位和行业特征相符的活动来吸引目标受众群体，进而提高自身账号和笔记的流量。

第 6 章
内容创作：爆款笔记运营的 5 个要点

01 主题：笔记创作主题的 7 种形式

（1）测评笔记形式

测评笔记形式具有客观性、公正性、种草力强等特点，是小红书用户常用的笔记创作形式，通常被广泛应用于护肤、家电、婴童食品等领域中。小红书笔记的创作者可以利用测评笔记形式在向用户分享产品的同时明确指出产品在质量等各个方面的水平，并向用户种草产品。一般来说，大多数使用测评笔记形式的笔记都是视频笔记，如图 6-1 所示。

图 6-1　测评笔记

品牌在与小红书博主进行合作时应注意以下几点：一方面，笔记可以在突出表现产品优势时通过适当展露出部分不影响产品正常使用的小问题的方式来提高种草的可信度；另一方面，当笔记中测评的产品不止有一种时，笔记的重点内容应该是对同等价位的同类产品的对比分析，但不能刻意贬低竞品。

（2）教程笔记形式

教程笔记形式的笔记具有攻略的作用，通常包含产品的使用方式、使用步骤、使用场景和适用人群等信息。品牌可以通过在小红书平台发布教程笔记形式的笔记的方式向用户传递产品相关信息，为用户深入了解自身品牌和产品提供方便。

教程笔记形式是彩妆、发型等领域常用的笔记创作方式，许多品牌会通过发布彩妆教程、发型教程等具有场景化特点的视频笔记的方式来向用户全方位展示产品的用法和用途，进而达到介绍和安利产品的目的，如图 6-2 所示。

图 6-2　教程笔记

（3）合集笔记形式

合集笔记形式具有产品内容多样化、广告属性较弱、隐蔽种草等特点，能够帮助品牌以"润物细无声"的方式实现种草的目的，因此许多品牌在小红书中进行商业投放时都会发布合集笔记形式的笔记。

一般来说，大多数合集笔记形式的笔记都是图文笔记，能够向用户传达多种多样且具体详尽的信息，更好地满足用户的阅读需求，除此之外，配备了详细文案的视频笔记也能达到这样的效果，如图6-3所示。

（4）开箱笔记形式

开箱笔记形式的视频笔记是一种代体验式消费笔记，大多具有探索感强、新奇性强等特点，能够有效吸引用户的注意力，充分满足用户的好奇心，提升用户的参与感，进而激发用户的购买欲，达到有效种草的目的，图6-4所示即为开箱笔记。

图6-3　合集笔记　　　　　　图6-4　开箱笔记

（5）沉浸式笔记形式

沉浸式笔记形式的视频笔记是商业笔记中的重要组成部分，也是各个品牌商家在发布商业笔记时常用的一种形式，能够让用户在观看视频笔记时投入笔记创作者营造的情境当中，获得身临其境般的体验，如图6-5所示。

（6）Vlog 笔记形式

Vlog 笔记形式的视频笔记是创作者以视频的形式记录日常生活的一种笔记，具有时效性强、碎片化、主题性弱、场景性弱等特点，能够通过记录和分享日常生活的方式自然地向用户展示各类产品，如图 6-6 所示。

图 6-5　沉浸式笔记

图 6-6　Vlog 笔记

一般来说，较为成熟的品牌可以通过邀请达人发布符合自身投放调性的 Vlog 笔记的形式向广大用户传递自身的品牌形象、产品理念、情感价值和文化背景等信息，以便向用户安利产品。

（7）Plog❶ 笔记形式

Plog 笔记形式的图文笔记是创作者以图片的形式记录日常生活的一种笔记，大多具有生活化、技巧性等特点，Plog 笔记形式是校园生活等领域的博主在创作笔记时常用的一种形式，但随着直播和短视频的快速发展，图文笔记对用户的吸引力逐渐降低，Plog 笔记难以仅凭图片形式的内容获取大量用户。

---

❶ Plog：以 Vlog 派生的网络流行词汇，意为 Photo blog，图片博客。

02 标题：打造吸睛标题的 4 个技巧

在小红书中，吸引力较强的标题能够为笔记获取更多的曝光量和用户点击量，由此可见，标题是影响笔记流量甚至账号流量的重要因素，为了获取更多流量，小红书笔记的创作者需要为笔记设计一个自带流量的爆款标题。

具体来说，小红书笔记的创作者可以从有用、有趣和共鸣三大要素入手来设计笔记的标题，如表 6-1 所示。

表 6-1 小红书笔记标题的三大要素

三大要素	具体内容
有用	创作者可以针对用户需求进行标题设计，直接在标题中点明笔记内容
有趣	创作者可以在设计标题时提高标题的趣味性和口语化程度，在标题中融入当前流行的句式和热梗
共鸣	创作者在设计标题时可以通过提高标题的情绪化程度和强化情境设计等方式来激发用户的共鸣，进而达到吸引用户的目的

下面介绍四种吸睛标题的拟定技巧。

（1）突出重点，善用关键词

好的关键词既能够让笔记在官方分发和推荐环节就获取到较大的流量，也能有效吸引用户的注意力，同时也可以让用户能够更加直观地了解笔记内容。

① 人群关键词

人群关键词是一种利用人与人、人与物、人与事之间的相关性来吸引用户注意力的关键词，如"考研党""打工人"等身份标签。人群关键词能够通过吸引用户注意力的方式来提高笔记的点击量，进而帮助博主达到获取流量的目的。

② 情感、行为等关键词

情感和行为等关键词是一种利用用户共鸣来吸引用户点击笔记的关键词，如"爱了""无限播放""强烈安利"等。情感和行为等关键词能够将用户带入博主打造的情境当中，优化用户体验。

③ 痛点＋摆结果

将痛点和事情结果作为关键词既能提高笔记的直观性，为用户了解笔记内容提供方便，也能有效吸引用户注意力，一般来说，在标题中加入痛点和事情结果的笔记大多为干货技巧类笔记和经验分享类笔记。

（2）利用标题和标点符号

小红书笔记的创作者在进行笔记创作的过程中可以在标题中设置悬念，利用悬念来带动用户的好奇心和探索欲，进而达到吸引用户点开笔记的目的。

① 利用标题和读者互动

小红书笔记的创作者在标题创作环节可以利用具有讨论性的话题来提高标题与用户之间的互动性，激发用户的表达欲，刺激用户点击笔记并对笔记中的内容进行评论，进而达到提高笔记的点击量和评论量的目的。

② 善用数字

小红书笔记的创作者可以通过在标题中适当加入数字的方式来提高笔记的直观性和可信度，强化笔记的记忆点和条理性，进而达到吸引用户点开笔记的目的，进一步提高笔记的点击量。

（3）善用网络流行语

从用户群体方面来看，小红书中的用户以年轻女性居多，这类用户大多具有上网时间长和对网络流行语感兴趣等特点，因此小红书笔记的创作者可以通过在笔记中加入网络流行语的方式来吸引用户注意，拉近自身与用户之间的距离，如图 6-7 所示。

图 6-7　运用网络流行语的笔记

① 宝藏

"宝藏"一词在小红书中大多用来代指一些值得赞美的人和事物,是博主在向用户安利各类事物时常用的词汇,能够凸显出事物的可贵,激发用户的购买欲,进而达到向用户种草的目的。

② 沉浸式

"沉浸式"指为用户提供身临其境般的体验感,最初常用于美妆护肤领域的视频笔记中,后来逐渐被广泛应用到其他各个领域的视频笔记当中。在制作沉浸式视频笔记时,整个视频中一般不会出现大声说话的声音,只有与主题相关且自然出现的声音或小声说话的声音。就目前来看,小红书中已经出现了沉浸式卸妆、沉浸式护肤、沉浸式回家、沉浸式做饭和沉浸式开箱等多种类型的沉浸式视频笔记。

(4) 善用对比

小红书笔记的创作者在写标题时可以使用对比的手法来激发用户对笔记进行讨论的欲望,进而达到吸引用户点进笔记并对笔记内容进行评论的目的,如图6-8所示。许多爆款笔记的标题都具有公式化和口语化的特点,且大多是对人群、场景、痛点、解决方案和冲突等诸多因素的排列组合。

03 封面:制作优质封面的5种类型

在小红书中,笔记的封面和标题直接决定了用户对该笔记的第一印象,同时也影响着用户是否会点开该笔记。当笔记的封面对用户来说缺乏吸引力,即便该笔记已经凭借好的关键词和热点获得了较高的系统分发流量,也难以有效提高用户点击量和互动量,创作者无法推动该笔记进入下一个流量池。

图6-8 运用对比手法创作的笔记

因此,小红书账号的运营人员在发布笔记时应充分认识到封面图的重要性,利用"货架思维"来看待小红书的笔记浏览页面,借助封面图的尺寸和风格设计等突出自己所发布的笔记，最大限度地利用封面来吸引用户的目光。

（1）封面尺寸设计

小红书对图文笔记中的图片尺寸有明确要求，小红书笔记创作者在发布图文笔记时可以在"竖屏3∶4""正方形1∶1"和"横屏4∶3"三种尺寸中选择其中一种作为封面图尺寸，如图6-9所示。

图6-9　封面图尺寸

一般来说，正方形的封面图在整个笔记浏览页面中所占用的空间较小，不利于吸引用户注意力，可能会被用户直接划走，而3∶4和4∶3是小红书中公认的黄金比例，因此博主们通常使用竖屏3∶4和横屏4∶3的图片作为笔记的封面，除此之外，为了整体排版的美观性，许多博主还会统一所有笔记的封面图的图片比例。

（2）封面风格设计

① 简约型

在小红书中，简约型封面图指的是没有花字和贴纸等装饰物的图片，这类图片通常具有简约大方、不加修饰的特点，能够在一众繁复的封面图中脱颖而出，迅速抓住用户的眼球。小红书账号的运营人员在进行这类封面图设计时需要充分认识都图片美观度的重要性,选择具有视觉冲击力的图片作为笔记的封面图。

将美观的图片前置是美妆、穿搭、摄影和好物推荐等领域常用的一种封面设计方式,这既能够直接向用户展示妆容、穿搭、风景和物品等笔记内容,也能够利用颜值吸引用户,如图6-10所示。

图6-10 简约型封面

② 拼接型

在小红书中,拼接型封面图指由多张图片组合而成的图片,这类封面图通常具有主题统一、元素多元、内容丰富等特点,能够在笔记的封面中展示出多种多样的笔记内容,并凭借精美的排版、丰富的内容和突出的视觉效果吸引大量兴趣各异的用户点进笔记,进而达到提高笔记点击量的目的,是美食推荐、好物分享、展览盘点等领域的博主常用的一种笔记封面设计方式,如图6-11所示。

图 6-11 拼接型封面

小红书账号的运营人员在设计这类封面图时应先统一拼接所使用的各张图片的色调和风格,在确保封面图整体和谐的基础上突出重点,并将封面标题放在整个画面的视觉中心点上,进一步突出封面主题。

③ 海报型

在小红书中,海报型封面图是一种具有明确标题和间接文案的图片,这类封面图大多具有简约性、艺术性、精致性等特点,常被用于 Vlog 和小众好物分享等领域的笔记当中。

一般来说,海报型封面图主要包含美图、主标题和副标题等几项元素,小红书账号的运营人员在设计这类封面时通常需要将美图前置,并控制图片中出现的文字字数,在确保图片整体的美观度的同时简明扼要地向用户传达笔记的内容信息,如图 6-12 所示。

图 6-12 海报型封面

④ 对比型

在小红书中，对比型封面图是一种能够利用反差来吸引用户的图片，这类封面图大多由两张图片构成，且两张图片之间存在强烈的对比，通常用于美妆、健身、医美等领域的笔记当中。

小红书账号的运营人员在设计对比型封面图时应突出前后差距，加强图片的视觉冲击感，并在图片中添加一些能够突出主题且吸引眼球的文案，同时也可以通过统一前后两张图片的背景、拍摄角度和人物着装等的方式来加强对比。

⑤ 纯文字型

在小红书中，纯文字型封面图是指一种仅由文字构成的图片，这类封面图大多用于干货分享和干货教程类的笔记当中，能够直接向用户展示笔记重点。

小红书账号的运营人员在设计纯文字型封面图时需要着重突出封面信息量大的特点，并确保文字排版的整洁性，同时也要借助"纯干货""超实用"等词汇来适当提高封面标题的吸引力，突出笔记的实用性，充分彰显笔记的价值，进而吸引用户。

（3）封面设计辅助工具

除此之外，各类制图工具也能够在封面优化设计中发挥重要作用，小红书博主可以利用以下几款修图 App 来设计笔记封面图，提高封面的精致度，如图 6-13 所示。

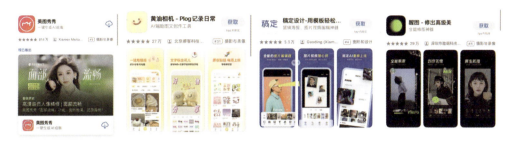

图 6-13　封面设计辅助工具

① 美图秀秀

美图秀秀中有可免费使用的花体字、贴图、修图和拼图等多种功能，能够满足博主在图片处理方面的各类需求，还具有可用于视频制作的悬浮字幕功能，能够为博主创作视频笔记提供方便，不仅如此，美图秀秀还具有操作简单的特点，方便新人博主上手。

② 黄油相机

黄油相机既有较为高级的花体字和贴纸功能，也有大量可以反复使用的图片制作模板，能够帮助博主制作出质量较高的图片。

③ 稿定设计

稿定设计是一款具有小红书专区的图片制作 App，能够为小红书博主提供大量方便使用的热门首图模板，方便博主进行笔记封面创作。在稿定设计中，博主只需将自身需要展示的内容填充到模板当中就能获取首图设计稿。

④ 醒图

醒图中具有多种多样的滤镜、花字和拼图等素材以及拍图、修图等封面制作功能，能够为小红书博主制作精致的笔记封面提供帮助，是各个领域的小红书博主广泛应用的一款图片制作 App。

04　内容：爆款笔记写作的 5 大要点

小红书用户可以借助小红书平台来发布美食、美妆、时尚、旅行、家居等各个领域的笔记，利用笔记分享各类好物以及自己的生活理念和经验，并与用户进行交流沟通。

小红书中的爆款笔记通常有大量点赞、评论和转发量，部分笔记甚至能够掀起一阵全平台乃至全网讨论的热潮。爆款笔记的创作离不开各种创作技巧，为了创作出能够得到更多点赞、评论、收藏和关注的笔记，小红书笔记的创作者需要深入了解爆款笔记的核心本质，掌握爆款笔记的创作要点，并熟练运用各类相关创作技巧。

具体来说，爆款笔记的创作技巧主要包括以下 5 大要点，如图 6-14 所示。

图 6-14　爆款笔记写作的 5 大要点

（1）关注用户需求

小红书笔记的创作者在创作笔记之前应先关注用户需求，并探索自身的兴趣爱好、专业知识等自我表达相关内容与用户需求之间的关系，找出二者之间的重合部分，以便针对用户需求展开小红书笔记创作工作，发布能够帮助用户切实解决问题并充分满足用户需求的笔记，进而达到获得更多用户关注的目的。

以美妆领域为例，小红书中的美妆博主可以在创作笔记之前先对市场进行调研，对热门话题进行分析，搜索、浏览并学习现阶段最流行的美妆产品和化妆技巧，并将这些内容写进笔记中分享给其他的小红书用户，除此之外，在创作笔记时也可以融入自身的实践经验，针对不同人群的实际情况提供一些个性化的建议，进而提高自身笔记的价值，吸引更多用户关注。

（2）提供干货

在小红书中，干货是指具有实际用途和价值且能够帮助用户解决问题的笔记内容。小红书笔记的创作者可以通过创作并发布包含大量"干货"的笔记的方式来获取用户的点赞、评论、收藏和关注。不仅如此,包含了众多干货笔记的笔记合集通常也能够收获大量点赞和收藏,成为小红书平台的爆款笔记。

从实际操作来看,品牌可以先在小红书平台中发布一些与自身产品相关的干货笔记,帮助用户了解产品,提高用户对产品的期待值,再将广告或产品链接添加到笔记中,为用户了解更多产品相关信息提供方便,并吸引用户购买产品。这种操作方式一方面能够为品牌的小红书账号获取大量用户关注度,另一方面也能够在一定程度上提高品牌的商业效益,为品牌的发展提供助力。

（3）优化笔记结构

小红书笔记的结构能够直接影响用户的阅读体验和笔记的收藏率。对用户来说,结构不清晰的笔记,无论阅读还是理解起来都十分不便,难以从中高效获取信息；对品牌来说,结构混乱的笔记难以有效吸引用户兴趣,也无法为账号带来关注度。由此可见,品牌在创作小红书笔记时需要认识到结构的重要性,对笔记的结构进行优化,以便提高笔记的内容质量和用户接受度。

从实际操作来看,一方面,品牌需要对用户的痛点进行深入挖掘和分析,激发用户共鸣,并发布笔记分享购买产品、使用产品的体验以及产品对用户痛点的解决程度等内容,提高笔记的针对性,同时向小红书平台中的其他用户展示产品的价值；另一方面,品牌在发布产品相关笔记时可以在同一维度内对同类型产品进行客观公正的对比分析和展示,方便用户了解各个产品在各个维度上的差异。

以洗发水为例,小红书博主在介绍产品时可以结合自身的实际使用感受从洗净程度、保湿效果和香味等多个维度与其他洗发水产品进行公正客观的对比分析和评价,提高笔记的可信度,为用户选择适合自己的洗发产品提供帮助。

（4）蹭热词

蹭热词就是通过将一些搜索热度较高的相关关键词添加到笔记中的方式来提高笔记的曝光率和热度。具体来说,小红书笔记的创作者在发布笔记时可以先在品类下拉词中找出衍生的关键词,并将这些关键词添加到笔记当中,以便提高笔记的展现率。

但一味迎合当前热点却不具备实际价值的笔记同样无法得到大量用户的关注和认同,因此小红书笔记的创作者在创作笔记时不仅要重视流量和热点,也要提高自身笔记质量,确保自身发布的笔记能够为用户带来切实帮助。

(5) 不用违禁词

小红书平台能够检测到笔记中的广告法限制词和敏感词,并限制这类笔记的流量,甚至屏蔽这类笔记,因此小红书笔记的创作者在发布笔记时应该注意不使用违禁词,多借助场景和描述来加深用户印象,避免被限流或被屏蔽。

以口红推广笔记为例,小红书笔记的创作者既可以从外观、质地、持久度、搭配方式等多个维度对口红进行介绍,也可以利用产品图向用户展示口红的卖点,利用对比图来突出口红的特点,以便在帮助用户了解产品的同时进一步加深用户印象。

在小红书平台中打造出一款爆款笔记具有一定的难度。为了创作出爆款笔记,小红书笔记的创作者通常需要花费大量的时间和精力对笔记进行优化调整,具体来说,以上几项要点是小红书笔记创作者在创作和发布笔记过程中十分重要的注意事项,各个笔记创作者都需要在以上几项要点的指导下来提高笔记的价值和受欢迎程度。

05 推送:最佳发布时间的3个策略

除内容、平台推荐机制、平台用户群体等因素外,发布时间也是影响笔记曝光量的一项重要因素。

(1) 笔记发布的三个黄金时段

一般来说,小红书账号的运营人员选择在以下三个时间发布笔记会更容易获得曝光量。

- 8点:很多人8点时正在搭乘公交车或地铁上班的路上,通常会打开手机中的各个App浏览网络信息。
- 12点:大多数人会在午饭和午休时间浏览网络信息。
- 18点:此时许多人已经下班,他们会利用下班后的休息时间上网放松心情。

(2) 如何确定笔记的发布时间?

为了进一步确定发布笔记的最佳时间,小红书账号的运营人员需要先完成以下几项工作,如图6-15所示。

图6-15 确定笔记发布时间的策略

① 确定笔记类型以及受众画像

小红书账号的运营人员应明确自身账号所发布的笔记类型,并对笔记的受众进行精准定位。以上海的城市旅行笔记为例,小红书账号的运营人员可以从笔记中提取出上海、公园、东方明珠等笔记类型相关关键词以及女性、居住在上海等受众画像相关关键词。

② 人群分析

小红书账号的运营人员应对受众人群进行分析,了解受众的习惯、兴趣和心理状态等信息。一般来说,受职业因素影响,大部分进行城市旅游的人通常选择在周末出行,负责旅行规划的人大多为女性,规划时间通常是出行前一天的晚上或出行当天早上。

在了解以上各项信息后,小红书账号的运营人员通常会选择在周五或周六的晚上8点到11点发布笔记,以便受众人群在下班吃完饭后浏览到笔记,进而提高笔记的浏览量。

③ 测试优化

在选出几个较为合适的发布时间后,小红书账号的运营人员还需通过测试优化的方式在这些时间中找出最佳发布时间。

对于部分难以确定最佳发布时间的笔记,小红书账号的运营人员需要分别在几个时间段内发布2~3次笔记,并在每次发布笔记后的一小时左右记录下各项相关数据,以便根据各项数据来精准判断哪个时间段更适合发布笔记。

(3)作品发布时段的技巧

小红书博主在发布笔记时,在时段选择上可以采取以下三种策略,如图6-16所示。

图 6-16　作品发布时段的技巧

① 固定发布时间

已经拥有一定粉丝量的小红书博主可以确定笔记更新时段，让粉丝能够在掌握更新时间的情况下及时查看新笔记，进而达到提高粉丝黏性的目的。同时，小红书博主也应考虑到审核时间方面的问题，在周六、周日等发布笔记的热门时间应尽量避免扎堆发布笔记，防止因笔记过审时间晚而错过最佳发布时间。

② 抢热点发布

热点话题通常伴随着大量流量和曝光，因此小红书账号的运营人员在发布笔记时可以通过快速跟进热点话题的方式来获取流量和曝光。

③ 错峰发布

每天下午到晚上的时间都是用户活跃度较高的时间，在这段时间内，小红书平台会在大数据的指引下为大量优质笔记贴上相应的标签，因此许多小红书博主都会选择在这段时间发布笔记，为自身发布的笔记登上热门提供更大的可能性，但同时这也导致小红书平台在这一时间段会出现大量新笔记扎堆发布的情况，大量新笔记分散了用户流量，使各篇笔记均难以获得较好的数据表现。

由此可见，小红书账号的运营人员在发布笔记时还需考虑到新发布的笔记数量等因素，选择提前 3 小时左右发布笔记，错开笔记发布的高峰期，以便自身发布的笔记能够抢先一步进入流量池获取更多流量和曝光。

第 7 章
Vlog 教程：视频拍摄与制作实战攻略

01 器材：Vlog 视频拍摄的 4 类设备

Vlog 视频通常指人们拍摄的用于记录日常生活的视频。在各个视频平台中，许多博主会利用 Vlog 视频来记录自己的学习、工作、旅行和情感等内容，并在视频中添加与视频内容相符的音乐、文字、贴纸等元素来提高视频的可看性和丰富性，满足用户的观看需求。一般来说，Vlog 视频在时长和发布平台方面没有严格的限制，博主可以以短视频或长视频的形式发布到微博、小红书、抖音等网络视频平台上。

从设备上来看，拍摄器材、录音设备、固定设备和剪辑设备都是博主制作 Vlog 视频过程中需要使用的基础设备，具体如图 7-1 所示。

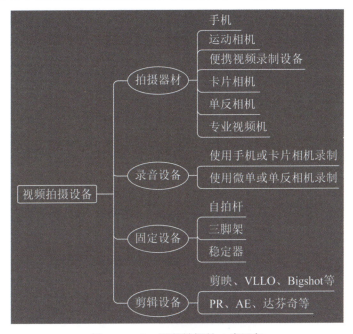

图 7-1　Vlog 视频拍摄的 4 类设备

（1）拍摄器材

① 手机

手机具有轻便的特点，是各个独自创作视频作品的博主常用的拍摄工具。现阶段，iPhone 15、HUAWEI Mate 60、vivo X90 s 等多个品牌、多种型号的手机均已具备 4K❶ 超高清视频录制功能，能够基本满足大部分 Vlog 博主的日常视频拍摄需求。

② 运动相机

运动相机具有固定方式多样、防撞击、防水等特点，能够应用于多种环境，帮助视频拍摄者拍摄各种运动画面。对于需要拍摄运动类 Vlog 的博主来说，运动相机是最合适的视频拍摄工具。

③ 便携视频录制设备

便捷视频录制设备具有稳定性强、清晰度高、分辨率高、可美颜、操作简单等特点，使用便携视频录制设备拍摄的视频的清晰度可达到 4K，分辨率可达到 60 帧。对于旅游随拍类 Vlog 博主来说，便携视频录制设备是支持其轻松拍摄高质量旅拍视频的重要设备。

④ 卡片相机

卡片相机具有便携、画质好等特点，能够为 Vlog 博主拍摄高清视频提供方便，现阶段，索尼黑卡系列、佳能 G7 X Mark Ⅱ 等多个品牌、多个型号的卡片相机均能支持 Vlog 博主进行日常视频拍摄，同时这些相机也是大部分在便携性和视频画质方面有较高要求的博主所使用的拍摄工具。

⑤ 单反相机

单反相机具有画质清晰、尺寸大、视频录制镜头多样、景别切换便捷等特点，能够在 Vlog 视频拍摄过程中发挥重要作用。

⑥ 专业视频机

专业视频机具有画质高、价格高、专业性强等特点。对于独自进行视频创作的博主来说，使用专业视频机的成本较高，但对于拥有视频拍摄团队的博主来说，专业视频机是其进行视频拍摄的最佳选择之一。

---

❶ 4K 指 4K 分辨率，是指水平方向每行像素值达到或接近 4096 个，在此分辨率下，观众将可以看清画面中的每个细节，属于超高清分辨率。

（2）录音设备

① 使用手机或卡片相机录制

对于使用手机或卡片相机进行视频拍摄的博主来说，迷你枪式麦克风和手机专用迷你无线领夹麦克风等轻便的麦克风是其为 Vlog 视频录音时最为合适的设备之一。

部分 Vlog 博主会使用机顶枪式麦克风来完成录音工作，但这类麦克风的收声效果易受室内拍摄环境的影响，可能会录到电器噪声和房屋环境的回音，当拍摄设备与声源之间的距离较远时，收声效果也可能会大打折扣，由此可见，领夹麦克风是更适合使用手机和卡片相机的 Vlog 博主的录音设备。

② 使用微单或单反相机录制

对于使用微单或单反相机进行视频拍摄的博主来说，枪式麦克风是其最常用的一种麦克风之一。枪式麦克风具有灵活性强、使用方便等优势，使用微单和单反相机拍摄的博主可以将其装配在相机上，为 Vlog 视频录音提供方便。

（3）固定设备

① 自拍杆

自拍杆具有可伸缩的特点，能够拉大手机与拍摄者之间的距离，让拍摄者能够利用手机同时拍下更多内容，不仅如此，自拍杆中装配的小三脚架和录制按钮也能够为拍摄者录制视频提供方便。

② 三脚架

Vlog 博主拍摄视频所用的三脚架主要包括桌面三脚架和专业三脚架两种。其中，桌面三脚架具有轻巧、可手持、使用方便、放置位置随意等特点，且部分桌面三脚架为八爪鱼三脚架，能够改变形态以固定到栏杆等难以放置拍摄设备的地方；专业三脚架中装配了液压云台，不仅能够稳定镜头，还支持拍摄者进行上下左右多个方向的摇动拍摄。

③ 稳定器

稳定器是一种能够在拍摄者跟拍视频时稳定视频画面的设备，通常装配在手机、微单相机、单反相机等拍摄设备当中，拍摄者可以借助稳定器拍摄出三维梦境、第一人称视角等效果。

（4）剪辑设备

从视频剪辑软件上来看，剪映等手机后期 App 可用于剪辑手机录制或已经存储在手机中的视频；达芬奇等装配在电脑中的非线性编辑软件可用于剪辑由微单相机、单反相机、专业摄录机等设备拍摄的高质量视频。

从硬件配置上来看，视频剪辑设备的中央处理器（Central Processing Unit，CPU）不能低于英特尔酷睿 i5 处理器，在预算充足的情况下可以提升到 i7，内存不能低于 8G，在预算充足的情况下可以提升到 32G，还可为电脑装配固态硬盘来提高剪辑过程的流畅性，但视频剪辑对剪辑设备的显卡并没有严格要求。

02 脚本：Vlog 脚本创作的 3 大类型

Vlog 脚本就是拍摄 Vlog 视频的大纲，通常包含作品的主要内容、主题方向、拍摄细节等，能够为摄影师、演员、剪辑师和服化道准备人员等各视频拍摄工作的参与者提供指导，所有的视频拍摄参与人员都需要在 Vlog 脚本的指导下确定视频的拍摄时间、拍摄地点、画面内容、镜头运动方式和拍摄景别等相关内容。

具体来说，Vlog 脚本主要由以下几个要素构成，如表 7-1 所示。

表 7-1　Vlog 脚本的构成要素

构成要素	具体内容
主题	体现视频内容的中心
拍摄场景	依据内容确定拍摄场景
序号	依据内容确定拍摄次序
视频画面	将构思的每一个想拍摄的画面尽可能详细地描述出来，最好看完便可在脑海中形成画面
景别	远景、全景、中景、近景、特写交替使用
角度	多角度拍摄可以让画面内容更丰富，不建议一镜到底
时长	把握每个镜头时长以及控制好视频总时长
视频文案	即画外音内容，需要录音并配以字幕、画面注释等
音乐	根据画面内容搭配适当的背景音乐

Vlog 博主在撰写拍摄脚本时需要先确定此次拍摄的主题，并围绕主题构建拍摄框架，注明拍摄内容，明确各项内容的主次和拍摄次序，对每个镜头进行安排、检查、修改和确定，同时也要注意细节，提高镜头的有效性，并在确保情节完整性的基础上突出表现品牌特性。

（1）Vlog 脚本的 3 大类型

分镜头脚本、文学脚本和拍摄提纲是博主拍摄 Vlog 视频时常用的三种脚本，如图 7-2 所示。

① 分镜头脚本

分镜头脚本以表格的形式标明了画面内容、拍摄技巧、景别、时间、机位和音效等各项相关内容，具有细节化和全面化的特点，能够用视听语言以可视化的方式表现出各个拍摄画面。一般来说，分镜头脚本大多用于剧情类视频和形象展示类视频，能够帮助视频拍摄者全方位把控拍摄镜头。

图 7-2　Vlog 脚本的 3 大类型

② 文学脚本

文学脚本中包含人物的动作和台词、镜头、视频时长等各项可控因素的拍摄思路，具有细节化程度低、时间效率高等特点，适用于教学视频、测评视频等无剧情的 Vlog 视频，是各大平台中的测评博主和知识输出类博主常用的一种脚本。

③ 拍摄提纲

拍摄提纲主要包含视频或视频中的部分场面的拍摄要点，能够帮助视频拍摄者灵活处理拍摄现场临时出现的各类难以预测的问题。一般来说，拍摄提纲大多用于新闻纪录片、活动视频、比赛视频和探访视频等不确定性因素较多的视频的拍摄中。

（2）撰写 Vlog 脚本的前期准备工作

脚本策划人员在撰写 Vlog 脚本前，需要做好以下几项工作，如图 7-3 所示。

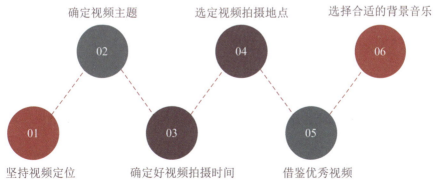

图 7-3　脚本撰写的前期准备

① 坚持视频定位

Vlog 博主在撰写视频脚本之前需要根据自身账号定位来进行策划，确保 Vlog 视频的内容与自身账号定位相符。一般来说，账号定位可分为美食、职场、穿搭、街访等多种类型。

② 确定视频主题

Vlog 博主需要在明确账号定位的前提下进一步确定视频主题，例如，美妆博主在拍摄干皮底妆种草分享视频时就可以直接将"干皮底妆种草"作为视频的主题。

③ 安排好视频拍摄时间

Vlog 博主需要做好时间规划，并在拍摄方案中注明拍摄时间，防止出现因多人拍摄或合作拍摄的过程中出现各类问题影响准备、拍摄和剪辑等工作的进度。

④ 选定视频拍摄地点

Vlog 博主应提前选定并预约拍摄地点，避免出现场地无法按时使用等问题，确保视频拍摄工作能够按原计划中的进度安排顺利推进。

⑤ 借鉴优秀视频

Vlog 博主在开始拍摄视频之前需要先学习视频拍摄手法和技巧，观摩和借鉴与自身计划拍摄的视频同类型的优秀视频，以便提升自身的视频制作能力，优化视频效果。

⑥ 选择合适的背景音乐

背景音乐是 Vlog 视频中的重要组成部分。Vlog 博主需要根据视频风格、拍摄场景等选择合适的音乐作为背景音乐，具体来说，中国风的视频通常会配慢节奏的唯美风音乐；运动类视频通常会配节奏感强、鼓点清晰的音乐；育儿类视频通常会配一些较为舒缓的轻音乐。

03 构图：Vlog 视频构图的 8 种方法

为了让笔记能够获取更多曝光量，博主在拍摄 Vlog 视频时需要提高视频画面构图的美观性和合理性，通过调整镜头角度、优化构图布局、合理安排画面元素等方式优化视频画面的视觉效果，达到突出优点和掩盖缺点的目的，并实现与观众之间的情感共鸣。

良好的 Vlog 视频构图能够为视频笔记带来许多好处，具体来说，优化 Vlog

视频的构图主要有以下作用:

- 提高视频质量:Vlog博主综合利用各种构图方法来拍摄视频能够提高视频画面的视觉冲击力和吸引力,进而达到提高视频质量的效果。
- 获取更多用户关注:Vlog博主可以借助构图方法来突出视频主题,提高视频的接受度和传播度,进而吸引更多用户,得到更多用户的关注。
- 增强艺术表现力:Vlog博主可以通过优化构图来提高视频画面的美观性和艺术性,进而增强视频的艺术表现力,充分展示视频的审美价值。
- 获得创作乐趣:Vlog博主可以在不断对视频画面构图进行调整和优化的过程中提高自身的构图方法运用熟练程度,并在创作的过程中获得乐趣和成就感。

具体来说,Vlog视频构图主要有以下8种方法。

(1)中心构图法

中心构图法是一种适用于短视频拍摄的构图方法,也是抖音短视频博主常用的构图方法。Vlog博主在使用中心构图法时通常将视频拍摄的主要元素置于画面中央,以便突出主题,同时借助具有一定对称性的元素来提高视频画面的稳定感,如图7-4所示。

图7-4　中心构图法拍摄示例

(2)框架式构图法

框架式构图法是一种利用框架来分割画面和限定元素并突出画面的主题和重

点的构图方法，如图 7-5 所示。

图 7-5 框架式构图法拍摄示例

具体来说，框架式构图法在视频拍摄中的作用主要体现在以下几个方面。

首先，框架式构图法能够借助框架来限定画面内的元素，突出画面重点，迅速将观众的目光聚焦到画面的主体或重要元素上；

其次，框架式构图法能够有效提高画面的整体美感和稳定感；

再次，框架式构图法能够借助框架对画面元素的限制来提高画面的条理性，达到突出画面主体的效果；

最后，框架式构图法还能够借助框架与画面元素之间的协调性来提高画面整体的层次感和趣味性。

从实际应用方面来看，Vlog 博主在利用框架式构图法来拍摄视频时既可以运用多个小框架来展示画面细节，也可以借助一个大框架来突出整体。

(3)"S 形"构图法

"S 形"构图法是一种利用画面中具有"S"形状的元素在镜头空间中打造纵深视觉感的构图方法，如图 7-6 所示。"S 形"构图法能够提高画面的美观度和观众目光的流动性，常被用于短视频的背景布局和空镜头拍摄当中。

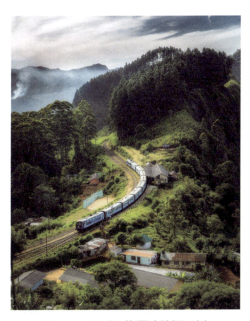

图 7-6 "S 形"构图法拍摄示例

（4）九宫格构图法

九宫格构图法是一种利用四条线将画面划分成"井"字形的九个小格的构图方法，能够优化画面元素的布局，提高画面的层次感、稳定感和美观度。博主在使用九宫格构图法拍摄 Vlog 视频时通常会将画面的主体或重点置于四条线相交的位置，以便达到突出主题、优化画面结构等目的，如图 7-7 所示。

图 7-7 九宫格构图法拍摄示例

具体来说，九宫格构图法在视频拍摄中的作用主体体现在以下几个方面：

- 画面主题方面：博主在拍摄时将重要元素置于四条线相交的位置能够突出画面的主题。
- 画面分割方式方面：九宫格构图法将视频画面划分成了九部分，有助于博主优化画面元素的布局，并利用更加丰富的画面分割方式提升视频画面的层次感和趣味性。
- 画面结构方面：九宫格构图法能够优化画面结构，提高视频画面的条理性和美观度。
- 画面质量方面：九宫格构图法能够通过增强视频画面的观感效果和艺术表现力的方式来达到提高画面质量的效果。

（5）对称构图法

对称构图法是一种将画面一分为二且确保两部分中的画面元素相同并互相对称的构图方法，主要分为上下对称、左右对称和倾斜堆成等几种类型，能够提高画面的条理性、稳定性、平衡性和秩序性，如图7-8所示。

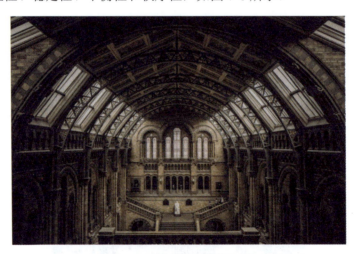

图7-8 对称构图法拍摄示例

具体来说，在视频拍摄过程中使用对称构图法的好处主要体现在以下几个方面：

- 画面平衡感：对称构图法可以利用相互对称的画面元素来提升画面的平衡感。
- 画面美观度：对称构图法可以提高画面的协调性和艺术性，增强画面的美观度。
- 画面主体：对称构图法能够利用四条线的焦点来突出画面主体，迅速将观众的目光聚焦到画面主体上。

- 画面线条感：对称构图法能够利用画面元素在画面中打造形状或线条以增强画面的线条感。

（6）垂直线构图法

垂直线构图法是一种以一条或多条垂直线为参考来排布画面元素的构图方法，能够在垂直方向上突出景物高耸、挺拔的特点，最大限度地表现出景物向上发展的张力，常与广角镜头搭配应用于景物拍摄中，如图7-9所示。

图7-9　垂直线构图法拍摄示例

（7）水平线构图法

水平线构图法是一种将画面一分为二并将画面的主体或重点置于其中一侧的水平边界上的构图方法。水平线构图法具有简单、实用等特点，既可以有效突出画面主体，也可以提高画面整体的稳定感和平衡感，能够在短视频拍摄过程中发挥重要作用，如图7-10所示。

图7-10　水平线构图法拍摄示例

具体来说，水平线构图法主要有以下几项作用：

- 提高画面的稳定感和平衡感：水平线构图法能够通过分割画面的方式为观众把握画面结构和画面重心提供方便。
- 提高画面的水平方向感：水平线构图法能够利用水平线在水平方向增强画面的开阔性，强化画面的视觉效果。
- 引导观众视线：水平线构图法能够利用水平线引导观众注意边界上的画面主体。
- 突出画面主体：水平线构图法能够利用水平线强化画面主体或重要元素与背景之间的对比，进而达到突出画面主体的效果。

（8）对角线构图法

对角线构图法是一种能够利用画面的两条对角线来提高画面的动感和流畅感的构图方法。博主在使用对角线构图法拍摄视频时通常将画面的主体或重点置于对角线上，以便达到吸引观众视线和强化紧张氛围等目的，如图7-11所示。

图7-11 对角线构图法拍摄示例

具体来说，对角线构图在视频拍摄中的应用主要具有以下作用：

- 吸引观众视线：对角线构图法能够借助对角线来突出画面的主体或重点，并将观众的视线吸引到对角线上。
- 提升画面的动感和流畅感：对角线构图法能够通过在对角线上设置画面元素的方式来提升画面的动感和流畅感。

- 提高画面的层次感：对角线构图法能够利用对角线来提高画面的层次感和趣味性。
- 节省画面空间：对角线构图法能够通过将画面元素置于对角线上的方式来节省画面空间，提升画面整体的简洁程度。

04 景别：Vlog 镜头语言的 5 种类型

景别是指受拍摄工具的焦距、拍摄工具与拍摄主体之间的距离等因素的影响在拍摄工具的寻像器中所呈现出的范围大小不同的画面效果，一般来说，远景、全景、中景、近景和特写都是视频拍摄中常用的景别，如图 7-12 所示。

图 7-12 拍摄景别的 5 种类型

在影视拍摄中，导演和摄像师会根据表达需要以场面调度和镜头调度的方式来改变视频画面的景别，提高影片在叙事、情感表达和人物关系等方面的表现力，进而达到强化艺术感染力的目的。

不同的景别在情绪表达、画面效果、情景氛围等方面存在许多不同之处，Vlog 博主在拍摄视频时应先了解和掌握各个景别的特点，并根据自身在视频呈现效果方面的要求选择合适的景别。

（1）远景

远景是用于表现远离拍摄工具的拍摄对象所处环境的全貌的景别，具有视野宽广、画面展示空间大、人物小、整体感强等特点，能够介绍环境、营造氛围、抒发情感，多用于风景、山川、海洋和草原等风景的拍摄当中，是旅游类博主在向观众展示风景和描绘旅游地特色时常用的一种景别。

（2）全景

全景是从整体上展示场景全貌或人物动作的景别，一般来说，全景画面主要由人、物和景三部分构成，具有画面展示范围大、内容中心明显、拍摄主题突出等特点。在全景画面中，场景是拍摄者用来解释说明和烘托人物的工具，尤其是以人为拍摄主题时，拍摄者需要利用拍摄工具抓住并凸显人的动作和神态，同时借助周边环境来烘托氛围。

全景拍摄大多用于写真、服饰展示、网红地打卡、人与景物的合照等拍摄场景当中，除此之外，剧情类短视频和搞笑类短视频中也常常出现全景画面。

（3）中景

中景是展示局部场景或成年人膝盖以上部分画面的景别，画面的展示范围小于远景和全景，具有人物动作清晰、叙事性强等特点，常用于包含许多人物动作、人物对话和情绪交流等场景的剧情类短视频的拍摄当中。中景拍摄能够在人物交流过程中将人物的视线、标签或情绪作为拍摄画面的结构中心，清楚地表现出画面中的人物情绪、人物动作和人物身份等信息，为观众了解视频画面的表现内容提供方便。

（4）近景

近景是展示物体局部或人物胸部以上画面的景别，也是刻画人物性格最有力的景别，且具有距离感弱、交流感强等特点，能够在拍摄人物时清晰表现出人物的面部表情和细微动作，同时利用画面中表达出来的情绪感染观众，加强观众与拍摄主体之间的情感互动。

（5）特写

特写是拍摄被摄对象局部的景别，在拍摄人物时画面的下边框通常位于成年人的肩部以上。特写镜头能够排除多余形象，精准展示被摄对象的细节，具有细节化、画面内容单一、没有背景烘托等特点，能够向观众展示事物的深刻内涵和本质，常被用于带有情绪表达的剧情类视频或图片当中。在短视频拍摄过程中，视频拍摄人员通常将特写与中景、近景等其他景别搭配使用，或将特写镜头下的画面作为转场画面。

05 运镜：增强画面美感的 8 个技巧

运镜是优化短视频视觉效果和情感表达的有效方法，小红书中的 Vlog 博主可以通过对各种运镜技巧的灵活运用来精准传达自身所需表达的情感和意图，并提高视频画面的生动性、趣味性和美观性，增强视频的整体层次和空间感，进而提升视频质量，吸引更多用户对自身发布的 Vlog 视频笔记进行点赞、评论和收藏，同时让自身账号得到更多用户的关注。

一般来说，镜头运动大致可分为推、拉、摇、移、跟、升降、环绕、变焦等多种类型，如图 7-13 所示。

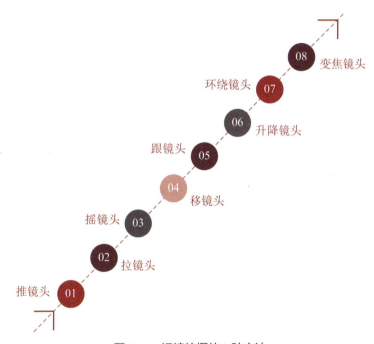

图 7-13　运镜拍摄的 8 种方法

（1）推镜头

推镜头是指拍摄工具由远及近向被摄对象推进的镜头运动方式，在镜头运动过程中，景别会由大变小，画面的紧张感会逐渐增强，能够描写细节，并向观众传达紧迫的情绪和氛围，提高观众的参与感，可用于突出主体、刻画人物和制造悬念等视频画面当中。

对视频拍摄者来说，可以利用推镜头的方式来增强视频的情感表达，帮助观众更好地理解视频讲述的故事内容和表达的主题，同时也可以在此基础上再借助一些人物和场景等特定元素来提升视频画面的层次感和空间感。

（2）拉镜头

拉镜头是指由远及近逐步向被摄对象拉近镜头或镜头由近及远逐步远离被摄对象的镜头运动方式。在拉镜头的过程中，焦点会发生变化，视频整体的层次感和空间感也会提高，进而达到突出画面中的主要拍摄对象或拍摄场景的效果，有效吸引观众的视线，牢牢抓住观众的注意力，同时引起观众的情感共鸣，并为观众理解视频内容和画面中的各个拍摄元素之间的关系提供帮助。

一般来说，拉镜头常用来交代场景，许多视频博主在拍摄视频的开头和结尾部分时都会使用拉镜头的方式来运镜。

（3）摇镜头

摇镜头是指拍摄工具位置固定的情况下对被摄对象进行摇摄的镜头运动方式，通常可分为横摇和纵摇两种类型。

横摇镜头就是在拍摄工具固定的情况下在水平方向上以左右扫荡的方式进行拍摄。横摇镜头能够凭借镜头扫过的大圆弧向观众展示浩大的场面和壮阔的景观，具有增强视觉效果和吸引观众注意力的作用，常用于展示大场景和大场面。对视频拍摄者来说，可以通过摇镜头的方式来获取观众的关注，提高观众的互动率，同时也可以借助摇镜头来营造紧张的氛围，突出戏剧变化，强化情感表达，优化视频效果。

纵摇镜头就是在拍摄工具固定的情况下在垂直方向上以摇动镜头的方式进行拍摄。纵摇镜头能够跟踪记录物体从天空向地面或从地面向天空的移动过程，如拍摄气球飘走的画面。

（4）移镜头

移镜头是指拍摄工具在水平面的各个方向上进行移动拍摄的镜头运动方式。移镜头具有视频画面流畅度高、视觉效果自然等特点，视频拍摄者以移镜头的方式拍摄的视频通常有较强的动感和节奏感，让观众在观看视频时能够获得沉浸式的观看体验，同时移镜头还能丰富拍摄视角，提高视频画面的空间感、层次感和美观度。

（5）跟镜头

跟镜头也称"跟拍"，是指拍摄工具跟随被摄对象进行拍摄的镜头运动方式，能够以动态化的方式向观众展示被摄对象的状态，提高观众的参与感。一般来说，跟镜头的拍摄对象大多是人物、车辆和宠物等运动对象。

（6）升降镜头

升降镜头可分为上升镜头和下降镜头两种类型，其中，上升镜头就是拍摄工具从平摄开始沿垂直、弧形、斜向或不规则路线逐渐上升并转变为俯视拍摄的镜头运动方式，下降镜头则是在运动方向上与上升镜头相反的一种镜头运动方式。

升降镜头拍摄下的视频通常具有画面变化丰富、空间感强等特点，视频拍摄者可以在合理控制镜头运动的速度和节奏的基础上利用镜头来向观众传达信息，并在镜头运动的过程中改变画面空间，增强视频的戏剧效果。一般来说，升降镜头大多用于对大场面的拍摄当中。

（7）环绕镜头

环绕镜头就是拍摄工具以围绕或旋转的方式对被摄对象进行全方位拍摄的镜头运动方式，具有展示全面、生动性强、趣味性强、画面真实、立体空间感强等特点，既能够增强观众的参与感，也能够突出视频画面的主体和主要情节，提高视频的戏剧性和情节张力。

（8）变焦镜头

变焦镜头是指在拍摄工具和被摄对象的位置固定的情况下通过改变焦距的方式来推近或拉远镜头的镜头运动方式。以变焦的方式推近镜头能够放大视频画面中的被摄对象的局部细节，突出画面中的重要因素，提高视频画面的精准性和视觉效果的丰富性，为观众把握视频中的细节和情绪提供帮助，同时也能大幅提升视频画面的层次感和空间感，为观众带来沉浸式的观看体验。一般来说，视频拍摄者在拍摄变焦镜头时通常会使用长焦镜头或微距镜头，有时也会利用变焦镜头来对需要展示细节的事物进行特写。

06 转场：拍出大片质感的 7 种手法

镜头与镜头之间的转场动作的合理性和流畅性直接影响着整个视频的视频效果和视频质量。在 Vlog 视频中，视频制作人员通常使用原地跳跃、旋转镜头、物体遮挡、相似场景、缩放、穿透物体和挥动物体等方式来进行转场，如图 7-14 所示。

图 7-14 视频转场的 7 种手法

（1）原地跳跃转场

在实际操作中，视频制作人员需要安排拍摄主角分别在需要转场的两个镜头中完成跳跃动作，并在剪辑这两段视频素材时将主角跳跃的最高点作为剪辑点进行拼接，同时还可以选择主角跳至最高点的几帧画面适当调慢播放速度，突出其跳至最高点的瞬间，以便获得更好的转场效果。

（2）旋转镜头转场

在实际操作中，视频制作人员需要在第一个场景中将摄像机顺时针旋转180°，在第二个场景中继续将摄像机按反方向旋转剩余的180°，并在视频编辑过程中将两段视频素材拼接起来完成转场。旋转镜头转场具有操作简单、转场效果简单等特点，但在拍摄视频时也要注意保持旋转速度稳定，以便减少在后期视频调速中花费的时间。

（3）物体遮挡转场

在实际操作中，视频制作人员需要先利用背包、手掌等物体遮挡镜头，再将镜头转向其他画面，然后将遮挡镜头的物体移开，进而营造出一种蒙住观众的眼睛切换画面的效果，提高视频的互动性。

（4）相似场景转场

在实际操作中，视频制作人员需要先利用手持稳定器以摇杆或全跟随的方式来抬高镜头，直到镜头中的画面停留在第一个相似场景当中，再利用手持稳定器以摇杆或全跟随的方式降低镜头，直到镜头中的画面停留在第二个相似场景中，并确保画面构图为水平构图，最后在视频编辑过程中将这两段视频素材拼接到一起。

（5）缩放转场

在实际操作中，视频制作人员需要利用手持云台的变焦滑杆功能来对拍摄画面进行平滑变焦放大，并在后期视频编辑时提高视频的变焦速度，再将该视频与航拍视频相拼接，从而实现从平地画面向航拍画面的转场。

（6）穿透物体转场

在实际操作中，视频制作人员需要先找到一扇玻璃门或落地窗，并安排主角站在门窗后面，摄像师站在门窗前距离一米左右的位置上，并拍摄下主角跑向玻璃门窗的画面，再到室外安排摄像师跑向主角，主角随之后退跌倒，最后在视频编辑时将这两段视频素材拼接起来，利用玻璃在人物和镜头运动时产生的模糊效果来进行转场，打造出穿透物体转场的效果。

（7）挥动物体转场

在实际操作中，视频制作人员需要在两个转场视频的场景中分别安排人对镜头挥手，并在后期视频编辑时将第一个场景中的挥手动作和第二个场景中的放手动作拼接起来，营造出一种人物用手来控制画面转换的效果，一般来说，除手之外，也可以使用扇子、树叶等其他道具来完成挥动物体转场。

07 剪辑：Vlog视频剪辑的7个步骤

在完成视频素材的采集和拍摄工作后，Vlog博主还需对这些视频素材进行整理和剪辑。

步骤1：选取素材

剪辑Vlog视频的第一步是选取素材，对小红书的Vlog博主来说，需要多浏览与自己同类型博主发布的视频笔记，在日常生活中注意观察，多采集生活趣事，并将拍摄到的有趣的日常生活视频作为Vlog视频素材。一般来说，Vlog视频素材需要具备以下特点：

- 画面和声音清晰，具有一定的视觉冲击力和听觉冲击力；
- 符合Vlog视频的主题，能够引起观众的共鸣；
- 视频长度控制在15～30秒之间。

步骤2：添加视频素材

小红书为用户配备了视频笔记剪辑工具，因此小红书中的博主在剪辑视频时只需打开小红书，并依次点击"+"和"视频"按钮，在视频界面找到"滤镜""选择音乐""文字""剪辑"等功能按钮，以便使用这些功能来对视频素材进行处理，如图7-15所示。

图 7-15　添加视频素材

步骤3：剪辑你的视频

在使用小红书内置的视频编辑器对视频素材进行处理时，博主需要先点击位于手机屏幕右下角的"剪辑"，再根据自身对视频长度和剪辑位置的要求拖动滑块。当博主需要对视频素材进行分段处理时，需要先在视频中打好标记，再在剪辑模式下分别对各段视频素材进行编辑。

小红书内置的视频编辑器中具有"分割"功能和"变速"功能。具体来说，博主可以利用"分割"功能将视频素材剪辑成多个段落，利用"变速"功能来调整视频素材的播放速度，视频播放的最低速度可达0.5倍速，最高速度可达4倍速，如图7-16所示。

步骤4：添加音乐

小红书为用户提供了多种不同风格的音乐素材，用户在发布视频笔记时可以在笔记中添加符合视频内容和风格的背景音乐，以便提高作品的感染力和吸引力。从实际操作方面来看，小红书中的视频笔记创作者在为视频笔记添加背景音乐时需要先点击位于手机屏幕上方的"选择音乐"按钮，从中选定符合自身要求的音乐素材，并通过拖动音乐选项卡中的音量调节滑块的方式来调节背景音乐的音量，如图 7-17 所示。

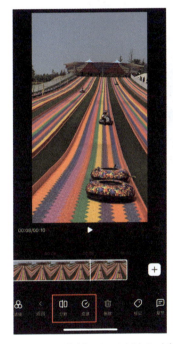

图 7-16 "分割"和"变速"功能

图 7-17 选择音乐界面

步骤5：添加字幕和贴纸

为了提高视频内容的丰富性和趣味性，Vlog 博主还可以将一些与视频风格和视频内容相符的字幕和贴纸等元素添加到视频当中。从实际操作方面来看，博主在使用小红书内置的视频编辑器来为视频添加字幕或贴纸时需要先点击手机屏幕上方的"字幕"按钮或"贴纸"按钮，再从中选取合适的款式添加到视频当中，如图 7-18 所示。

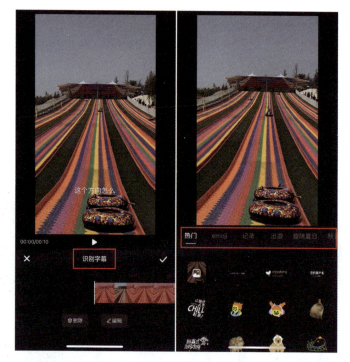

图 7-18　添加字幕和贴纸界面

步骤 6：使用滤镜

小红书为用户提供了许多不同风格的滤镜，博主在使用小红书内置的视频编辑器对视频添加滤镜时需要先点击"滤镜"按钮，再从中选择符合视频风格的滤镜，并通过拖动滑块的方式来改变滤镜强度，以便得到符合自身要求的滤镜效果，如图 7-19 所示。

步骤 7：保存并分享你的视频

在利用小红书内置的视频编辑器处理好视频素材后，博主需要先点击"完成"按钮，再点击"发布到小红书"直接上传视频，或点击"保存到相册"将视频存储到手机相册中，再选择其他合适的时间发布该视频。

在正式发布视频笔记时，小红书博主还需提前确定笔记的标题和标签，并根据小红书平台的要求填写标题，为笔记添加与视频内容相符的标签，让用户能够更加方便地发现这条视频笔记，同时合适的标题和标签也有助于平台对这条笔记进行精准推送。

图 7-19　添加滤镜界面

第 8 章
精准引流：粉丝运营与转化操作技巧

01 内容引流：有效提高粉丝转化率

笔记的内容质量直接影响笔记的互动量，同时笔记的互动量又与笔记下一轮的分发情况息息相关。小红书笔记的创作者应该让用户在浏览笔记时充分感受到笔记的有用之处、有趣之处并产生共鸣，借助自身所发布的笔记为用户提供信息价值、认知价值和情绪价值，并深入分析用户评论中所反馈的信息，根据反馈情况来创作和调整发布的笔记内容。

涨粉需要提升用户对自身或自身所发布的内容的持续关注程度，因此小红书账号的运营人员需要为账号建立人设并持续优化内容。除此之外，预算充足的账号也可以借助抽奖等活动来提高粉丝转化率。

（1）建立有独特价值的人设

人设是影响粉丝转化的重要因素。人设能够赋予账号独特性，提高账号被复制的难度，进而让账号变得更难以取代。具体来说，小红书账号的运营人员在为账号设计人设时应确保定位明确，账号呈现出的身份应具有明显特点，账号的输出内容也应与某一领域精准对应；不仅如此，账号的人设还需要能够充分体现出博主的性格、价值观和语言特色等内容，进一步提高账号的吸引力和不可复制性。

真人出镜和具有特色的语言都是塑造人设的重要手段。除视频笔记外，在图文笔记中，小红书账号的运营人员也可以用一句话或几个关键词来简单点明自己的身份，展示自身的特色。

（2）持续打造优质稀缺内容

内容是提高粉丝转化量的关键，具体来说，要想持续打造优质稀缺内容，小红书账号的运营人员要把握好三个原则,即适用度高、具有稀缺性和内容成系列,如图8-1所示。

图8-1 打造优质稀缺内容的原则

① 适用度高

适用度高即笔记内容的受众群广泛。一般来说,适用度较高的笔记内容通常具有更广的受众群体,涨粉的难度相对较低,但粉丝量并不能充分反映出账号的价值,因此小红书账号的运营人员还需提高粉丝黏性。从发布内容上来看,专业类知识账号大多具有较高的粉丝黏性。

② 具有稀缺性

具有稀缺性的内容可看作是平台中缺乏的能够满足用户需求的优质内容。具有稀缺性的内容通常竞品较少,粉丝转化难度较低;不具备稀缺性的内容即便质量较高,能够获取大量互动,也难以大量涨粉。由于用户对热点内容的需求较大,但热点出现初期平台中的相关优质内容较少,因此从本质上来看追逐热点也是一种利用内容的稀缺性来获取大量粉丝转化的方式。

③ 内容成系列

内容成系列可理解为博主连续稳定地输出互相关联的内容。当博主持续发布系列性内容时,用户将会产生一种博主在稳定更新的感觉,并对博主即将发布的内容和内容的质量有一定的预期,不仅如此,当博主创作出一条爆款笔记时,该笔记所在的整个系列中的其他笔记被再次浏览的概率也会大大提高,进而为博主实现粉丝转化提供助力。

02 搜索引流:深度挖掘长尾关键词

小红书的推荐机制主要包括初筛、精筛和微调三个环节,当用户发布笔记时，小红书会对笔记进行初筛，删除违法违规笔记，并根据标题、图片和内容等信息对符合各项规定的笔记进行精筛，将经过精筛的笔记精准推送给部分相关用户。

一般来说，初始曝光较好的笔记会获得较高的点击率，其中点赞数、收藏数、评论数、转发数和关注数等互动数据高于大盘的笔记则会进入下一个曝光池当中，得到更大的流量和更多的曝光，进而获取更高的点击率和互动量，并不断被推送到下一个更大的曝光池中形成正向循环，当笔记在流量池中的评判分值达不到其所在流量池的推荐阈值时，平台将不会继续对该笔记进行推荐。

一般来说，与热点相关的笔记所获得的流量大多高于普通笔记，即便这个热点的热度已经处于下滑状态。因此许多自媒体人都紧跟热点来发布内容，利用热点带来的流量提高自身分发内容的热度，当时机相近时，为了让自身的内容在众多相似内容中脱颖而出，自媒体人还需进一步提高自身内容质量，凭借高质量的内容吸引更多流量。由此可见，小红书账号的运营人员也需要提高捕捉热点的速度，强化自身利用热点的能力。

（1）关键词：提升内容分发量

小红书笔记的创作者可以借助关键词来让自己的笔记拥有更多的首页推荐流量、搜索流量以及更好的搜索位和推荐位。搜索流量是小红书中笔记流量的重要组成部分，小红书笔记的创作者需要通过设置好的关键词来提高初始的推荐分发流量，一般来说，好的关键词通常具有搜索频次高、搜索流量持续时间长等特点，能够凭借用户的频繁搜索来持续获得流量。

小红书笔记的创作者应在策划选题时提前定好关键词，并在发布笔记时将该关键词合理地融入笔记的标题、正文和话题中。

在确定关键词的过程中，小红书笔记的创作者可以通过直接搜索自身计划好的关键词查询该关键词下的笔记数量的方式来判断该关键词的流量情况，当发现流量大但优质笔记较少的关键词时，就可以进一步对该关键词进行深入挖掘，判断该关键词是否能够为自身的笔记带来大量推荐分发流量。但创作者也要认识到关键词下的笔记数量并不能全面反映出该关键词的引流能力，若要有效提高笔记流量，还需对关键词在未来一段时间内的火爆程度进行精准预测。

（2）笔记关键词的主要类型

小红书的搜索关键词逻辑主要涉及主关键词（即行业领域关键词）、细分领域关键词、产品营销关键词和营销需求关键词,如图 8-2 所示。关键词流量与用户需求直接关联,能够在用户搜索关键词时向其推送包含该关键词的笔记,具有较强的长尾效应,可以为笔记带来持续的流量支持。

图 8-2 笔记关键词的主要类型

① 主关键词

主关键词通常是覆盖范围较广的大词,对各个品牌方来说竞争较为激烈,许多头部品牌会对各个与自身相关的主关键词进行封锁,以便抢占该关键词下的流量,而新兴品牌则难以借助主关键词来获取可观的搜索流量,通常需要利用细分领域关键词来获取搜索流量。

② 细分领域关键词

细分领域关键词也被称为"长尾词",有具体化的特点,通常位于小红书的搜索下拉框中,用户可以点击下拉框中的关键词,也可以利用关键词规划工具进行搜索分析,将细分领域关键词加入笔记的标题、正文或标签当中,以便实现对笔记的精准推送。

③ 产品营销关键词

产品营销关键词通常是行业中的竞品关键词,品牌方在设置品牌营销关键词时需要先对竞品进行分析,再逐步明确自身应该在笔记中添加的关键词以及笔记的细分领域标签,并将产品词作为细分领域关键词,以便实时监控各个竞品的情况,及时分析数据较好的各个细分竞品关键词,并在充分了解和把握各个关键词热度的情况下优化自身产品营销方案。

④ 营销需求关键词

营销需求关键词是产品背后的描述词,通常与用户的搜索习惯之间存在紧密联系。一般来说,小红书笔记的创作者大多会使用"步骤""合集""干货必备"等营销需求关键词来提高笔记被用户搜索到的概率,并借此来提高笔记的浏览量、点赞量、评论量和收藏量。

对品牌方来说，可以在明确小红书流量来源和推荐机制的基础上合理运用平台规则来创作优质的笔记，并充分发挥小红书流量分发机制的作用，让平台将自身创作的优质笔记推送给更多用户，推动内容裂变。

03 互动引流：增强粉丝黏性的技巧

小红书中的互动主要包括点赞、收藏、评论、转发和弹幕等多种类型，其中点赞和收藏的获取难度较低，小红书笔记的创作者通过发布有用的内容可以获取可观的收藏量，通过发布有趣的内容获取大量点赞和数量可观的评论，除此之外，发布能够引起用户共鸣的内容也可以收获一定数量的用户点赞和评论。

（1）问题设置与评论互动

在获取用户评论方面，小红书笔记的创作者可以在笔记中加入一些具有引导性的内容鼓励用户评论，也可以将当前流行的"热梗"融入笔记，利用各种各样的"热梗"调动用户的评论热情，吸引用户对笔记进行评论。

一般来说，用户在浏览笔记时会抱有一种放松、休闲的心态，对大部分笔记内容只是"随便看看"，并不会认真评论每一个笔记，平平无奇的笔记内容自然也难以引起用户共鸣，更谈不上参与互动。因此，博主在创作笔记时，要有意识地通过提问、主动提要求等方式引导用户参与互动。本篇将为读者介绍一些有助于促进用户互动、增强粉丝黏性的方法。

（2）互动请求与问题设置

博主可以在笔记中插入一些供用户讨论或选择的问题，从而引导用户积极思考并参与互动。不同类型的问题示例如表 8-1 所示。

表 8-1 不同类型的问题示例

问题类型	示例
推荐类问题	我买的锅铲太难用了，大家有什么好用的锅铲可以推荐给我吗？
投票类问题	我今天的这几套穿搭，你们最喜欢哪一套？可以发序号。
疑问类问题	大家还想看哪个牌子的扫地机器人测评？欢迎在评论区中告诉我。
作业类问题	在今天的这个棋盘上，左边的黑棋怎么才能打败白棋呢？告诉我你的答案。
争议类问题	大家觉得到底是学历重要，还是能力重要呢？
许愿类问题	评论区中留言"过过过"，许愿今年英语四级考试一定通过！

在笔记内容中基于探讨主题为用户设置相关问题，能够引导用户关注弹幕或评论区。当问题激发了用户的兴趣时，评论区中往往会出现许多能够引起共鸣的答案，由此吸引其他用户通过点赞、回复评论等方式参与互动，进而提高笔记的互动率。

（3）弹幕引导粉丝互动

弹幕引导实际上也是一种问题设置方式，但与引导评论不同，弹幕引导的提问方式通常更简单、更直接，能够起到调动用户情绪、提升观看体验的作用。弹幕引导问题的类型与示例如表8-2所示。

表8-2 弹幕引导问题的类型与示例

问题类型	示例
场景认同类	总是"三分钟热度"，有相同情况的请扣1。
留言许愿类	请把你理想中的大学发在弹幕上许愿吧！请把"成功上岸"打在弹幕上。
情绪感召类	2023年，想跟我一起改变的，把"我要变富"打在弹幕上。
预告提示类	我最近买了很多减脂期间也能吃的小零食，想看零食测评的扣"1"，想看减脂心得的扣"2"。

博主可以用自己的账号发送弹幕，吸引粉丝进行"回复"或"跟评"。小红书平台上的弹幕均为匿名发送，因此用户不能识别出弹幕的发送者是谁，创作者可以发送一些弹幕来激发用户共鸣、促进互动。

（4）评论区互动引流

博主不仅能够在笔记中引导用户积极参与评论互动，还可以在评论区回复用户的评论、共同参与话题讨论，这有助于拉近博主与用户间的距离，调动用户与博主交流沟通的积极性。小红书评论区的互动形式大致可以归纳为以下三种：

① 评论留言

当用户受到笔记启发或对内容产生心理共鸣，那么评论区是用户参与互动、表达意见和想法最适宜场所。需要注意的是，用户在评论区的发言可能是正面的，也可能是负面的，可能是对博主笔记内容的认同、质疑或反驳，也可能是用户对产品的亲身体验……博主无法约束用户的评论行为，但可以通过跟评、回复等方式巧妙地处理那些异议评论。如何引发用户心理共鸣，主要有以下技巧，如表8-3所示。

表 8-3　引发用户心理共鸣的技巧

序号	主要技巧
1	直接设置互动问题
2	在笔记中设置一个容易激发用户倾诉欲望的话题，例如使用某款产品时面临的困难、对某一类产品或品牌的期待等，以此调动用户评论留言的积极性
3	设置悬念，例如"详细的配方我会整理好放在评论区"（多出现于烘焙、美食笔记中）、"产品的价格或购买链接已经放在评论区了"，等等

② 评论点赞

当笔记内容激发了用户的互动欲望时，评论区偶尔会出现一些有趣、新颖的评论，这些评论能够营造一种欢快、活跃的评论氛围，吸引更多的用户参与跟评、点赞。

③ 用户发私信

一些用户在阅读笔记后，会通过私信途径与博主进行一对一交流。私信的用户通常有着较高的互动积极性，博主可以通过与他们交流，获得一些有益的创作意见和创作思路。

前两种途径可以有效提升笔记的互动量，互动数据的增长有望使笔记进入热门推荐榜单，从而进一步提高笔记的曝光度和阅读量。发私信的互动形式则为用户与博主深入交流提供了条件，从而大幅提升用户黏性，并有利于打造博主自己的私域流量，促进后续成交转化。

通过上文描述，我们明确了评论互动的重要性。那么，小红书博主应该如何运营与维护评论区呢？我们可以参考以下方法，如表 8-4 所示。

表 8-4　评论区运营与维护方法

序号	运营与维护方法
1	邀请忠实粉丝、朋友等用户发布精彩的评论，以起到"抛砖引玉"的效果，激发用户参与讨论，这些评论可以与近期社交网络热点有关，可以利用幽默风趣的语言进行表达，也可以是某一文化圈层中为大众所熟悉的"段子"等
2	关注并及时回复评论、留言，尤其是那些与笔记内容关联度较高的评论，例如产品使用细节、店铺地址、店铺营业时间、购买方式等，同时也要及时处理用户提出的异议
3	回复内容需要遵循平台的评论规则，例如不出现品牌名、私人电话等

04 投放引流：薯条推广的实操攻略

"薯条"是小红书平台推出的一款付费的自助式流量推广工具，它主要有内容加热和营销推广两项功能。

① 内容加热

该功能主要面向平台上的个人创作者，为非营销属性的优质内容投放提供支撑，可以提高笔记的曝光量和互动量，从而促进账号粉丝量增长，为创作者带来持续创作的动力。

② 营销推广

该功能主要面向企业商家或个人，为具有营销属性的直播预告笔记、商品笔记等内容的投放提供支撑。该功能附带用户咨询服务，用户可以点击"立即咨询"进入咨询窗口，快速解决投放过程中遇到的问题，从而缩短转化路径。

（1）薯条投放方式

方式一：打开小红书 App，点击"我"选项，进入笔记详情页，点击右上角"…"分享按钮，在下方弹出的浮窗中点击"薯条推广"，就可以进入推广设置页，具体操作步骤如图 8-3 所示。

图 8-3　薯条投放方式（方式一）

方式二：在首页中点击"我"，点左上角的三条横杠，进入小红书"创作中心"页面，在"创作服务"板块中找到"薯条推广"功能，具体操作步骤如图 8-4 所示。

图 8-4　薯条投放方式（方式二）

（2）薯条推广的应用场景

薯条推广的应用场景主要体现在以下四个方面，如图 8-5 所示。

图 8-5　薯条推广的应用场景

① 限流测试

由于薯条推广只能推广那些无违规内容的笔记，因此，如果笔记在小红书平台成功上传但无法投放薯条，则说明笔记可能存在违规内容，可能已经被限流。

② 内容受欢迎度测试

通过控制投放条件，在薯条上多次投放不同内容，可以测试出哪种类型的内容更受用户欢迎。如果创作者或企业号要调整内容运营方向，则可以利用这一工具找到合适的内容表达方向。

③ 爆文打造辅助

这是薯条推广的核心应用场景之一，主要作用于非广告类优质笔记。投放薯条后,创作者可以根据点击率、转化率、互动率等数据情况,有针对性地修改笔记,优化提升笔记内容。

④ 优质笔记的生命周期延长

薯条推广支持的是最近 90 天内发布的笔记,笔记发布后,随着时间推移其点击率会逐渐下降,这时可以投放薯条以获得新的流量增长,进而延长笔记的生命周期。

如果对投放效果进行量化,创作者可以将点击率作为薯条投放的核心指标。通常,行业平均点击率约 10%,如果超过 15%,则说明该篇笔记比较受欢迎,可以在有限成本范围内加量投放;如果点击率高于 20% 且互动率高于 8%,则可以大量投放。

(3) 薯条推广的 4 个策略

为了以较低的成本获得较好的投放效果,薯条推广也讲究投放策略,主要有以下 4 种,如图 8-6 所示。

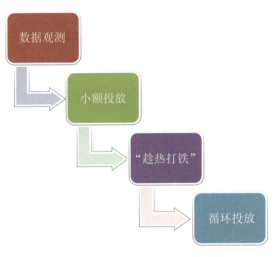

图 8-6 薯条推广的投放策略

① 数据观测

不论笔记的数据表现如何,在正式投放薯条前都要先"试水",即先观察是否可能取得较好的效果。通常,我们以 750 薯币(薯币是用于小红书官方的虚拟货币,可以用人民币购买,1 元人民币 =7 薯币)作为测试额度,750 薯币大约可以买 6000 个曝光量。完成购买后,我们需要重点观察这 6000 个曝光量的互动率,如果互动率高,则意味着点击率也很高,这说明该笔记值得进一步扩大投放规模。

② 小额投放

通过上一个步骤的测试后，就可以进入小额投放阶段，该阶段可以直接勾选系统智能推荐模式，该推荐模式的逻辑与平台自然流推荐逻辑相同，由此使笔记获得更多流量。

③ "趁热打铁"

如果经过上一步骤的投放后获得了较好的数据反馈，则可以"趁热打铁"，进一步增加预算，加大投放力度，甚至可以同时下多个投放订单以提高笔记曝光度。笔记推广进入这一步骤后，就离成为爆文不远了。

④ 循环投放

完成上述三个步骤的笔记，基本可以认定为优质笔记，因此可以进行循环投放，以获得来自互动量、流量增长方面的收益。当笔记数据达不到标准时，即可停止投放。

Part 3
品牌种草篇

第 9 章
内容运营：建立品牌账号定位与规划

01 品牌定位：品牌种草的 4 种类型

与传统电商平台相比，小红书还具有内容分享功能，能够向用户种草产品并引导其拔草。品牌在运营小红书账号时需要先明确账号定位，以便精准把握运作节奏，并利用该账号获得更好的营销效果。通过对小红书平台上的品牌店铺进行梳理分析，我们可以将品牌定位概括为以下 4 种类型。

（1）品牌形象打造为主

以品牌形象打造为主的账号定位是许多以非大众消费品为主要产品的品牌和影响力较大的品牌常用的一种账号定位，如图 9-1 所示。这些品牌可以借助账号定位中的品牌形象来为自己营造良好的口碑，并在此基础上获取更多客户的认可，进一步优化品牌形象。

当品牌将小红书账号定位为用于打造品牌形象的账号时，需要以品牌形象为中心进行笔记创作，并在笔记中从不同的维度来展示品牌形象，以权威的方式向小红书中的广大用户传递自身的品牌调性等信息。

（2）产品推广为主

与以品牌形象打造为主的账号定位相比，以产品推广为主的账号定位在提高销量方面具有更加显著的效果。一般来说，当品牌将小红书账号定位为以产品推广为主的账号时，通常会针对新品、重点商品等单一产品或更新节奏较快的产品进行宣发，如图 9-2 所示。

图 9-1　品牌形象打造为主的定位　　图 9-2　产品推广为主的定位

（3）营销转化为主

以营销转化为主的账号能够有效引导用户消费，具体来说，当品牌将小红书账号定位为以营销转化为主的账号时，需要利用该账号来影响消费者的消费决策，引导大众消费者进行线上消费或线下到店消费，并提高消费者的消费频率，如图 9-3 所示。

（4）品牌人设为主

以品牌人设为主的小红书账号大多具有个性化的特点，能够充分展示品牌形象，并借助人设来发布各类关于吃喝玩乐的笔记，与广大消费者进行密切交流，向消费者分享各类有趣的内容，拉近品牌与消费者之间的距离，如图 9-4 所示。

图 9-3　营销转化为主的定位　　图 9-4　品牌人设为主的定位

02 内容规划：账号运营的 7 个维度

品牌在明确账号定位后还需对后续准备发布的内容进行规划，从而为后期账号运营提供方便，同时也有助于品牌进一步提高该账号在小红书用户群体中的受欢迎度。具体来说，品牌在进行小红书账号内容规划时可以从风格呈现、内容方向、内容价值、内容特征、更新频率、差异化和呈现形式 7 个维度入手，如图 9-5 所示。

图 9-5　账号运营的 7 个维度

（1）风格呈现

小红书账号的风格呈现主要包括视觉风格呈现和内容表达风格呈现两部分。

视觉风格呈现直接影响着用户的视觉体验。品牌在进行账号内容规划时需要尽量保持账号定位、品牌调性、笔记封面色彩等各项直接呈现在主页面中的内容的一致性，以便为用户提供更加优质的视觉体验。

内容表达风格通常需要与账号定位和品牌人设一致，一般来说，品牌人设为甜美可爱风格的账号在发布笔记时也应输出符合甜美可爱风格的内容。

（2）内容方向

内容方向指账号发布的笔记所传达的内容所属领域，确保内容方向与账号之间的一致性能够有效提高账号的整体价值感，进而获取更多用户的关注。以九阳厨具为例，该品牌账号下发布的笔记中所呈现的内容大多为各类产品在日常生活场景中的应用。

（3）内容价值

内容价值是小红书账号运营的核心，品牌需要确保自身账号输出的内容符合用户需求，能够与用户产生情感共鸣或为用户带来价值。

（4）内容特征

内容特征指账号笔记的内容类型，例如行业相关科普类、生活场景应用类、新品宣传信息类、产品测评类、品牌营销活动类、用户互动类等多种类型。

（5）更新频率

更新频率主要涉及内容更新节点和内容更新持续性两项内容。

内容更新节点指账号在每天、每周或每月所更新的笔记的数量和更新的固定时间，具体来说，笔记数量如日更一篇、周更三篇、月更二十篇等多种安排方式，而固定时间并不是账号运营的必选项，品牌可以根据自身运营账号的实际情况来安排笔记发布时间。

内容更新持续性与品牌团队的笔记创作能力和内容规划能力息息相关，内容产出能力较强的账号运营团队能够不断产生新的想法并高效落实这些构想，确保账号能够持续不断地更新内容，保持账号的活跃度。

（6）差异化

在激烈的市场竞争中，具有差异化的账号更容易在大量品牌账号中脱颖而出，快速吸引用户的眼球。品牌在运营小红书账号时需要明确账号定位和内容布局，并对同类账号笔记进行详细分析，进而制定差异化的运营方案。

（7）呈现形式

呈现形式指账号中的笔记内容的分享方式，通常包含视频笔记和图文笔记两种，由于在账号中发布内容需要提前完成策划、资金筹备、工具准备和拍摄等工作，因此品牌需要预先对这些内容进行规划。

03 内容互动：用户沟通的3大渠道

小红书平台具有较强的社交属性，用户与用户之间的账号互动是平台社交的关键，也是获取信息、提升流量和转化用户的有效方式。对各大品牌来说，需要认识到账号互动的重要性，并在自身发布的笔记的评论区中加强与用户之间的互动。具体来说，账号互动主要能够为品牌带来以下几项优势，如表9-1所示。

表9-1 账号互动的优势

序号	具体优势
1	通过提升用户的互动体验来提高用户忠诚度和后续笔记的用户互动量
2	在账号互动过程中提高用户的参与度，进而达到提高笔记讨论度和热度的目的
3	深入了解用户的兴趣和偏好，并利用这些信息对后续需要发布的笔记进行优化
4	品牌可以在账号互动的过程中利用各类营销手段实现用户转化，降低用户流失率
5	品牌可以通过账号互动来获取平台的流量支持

这些账号互动均为单篇笔记留言互动，除此之外，平台还可以在品牌账号标记页、品牌账号话题页、品牌账号收藏页等多个页面中与小红书平台中的用户进行交流互动。

（1）品牌账号标记页

品牌账号标记页中有大量来自该品牌的消费者的使用经验笔记，且这些笔记大多已经经过品牌筛选。从具体操作上来看，当用户购买和使用该品牌的产品并在小红书中发布了提及品牌账号的使用体验笔记后，品牌就会收到这份笔记，并在对笔记中的内容进行阅读和分析后判断是否要将这篇笔记收录到品牌账号的标记页中，如图9-6所示。

图9-6　品牌账号标记页

由此可见，品牌账号可以将用户的使用体验作为产品或自身品牌的背书，通过与用户的分享、交流和互动来强化自身在小红书平台中的营销优势。

（2）品牌账号话题页

品牌账号话题页中有大量与品牌自主发起的以品牌为中心的主题活动相关的笔记，这些位于品牌账号话题页中的笔记中包含了大量小红书用户对品牌所发起的主题活动的话题讨论，如图9-7所示。对品牌来说，第一个话题页为免费话题页，从第二个话题页开始小红书平台将会对品牌进行收费，因此品牌需要在确定话题且自身存在相关需求时再创建话题页，避免浪费。

（3）品牌账号收藏页

品牌账号收藏页中的笔记均为账号点击收藏按钮后收藏的笔记，品牌账号收藏页中的专辑板块能够对账号已发布的笔记进行归类，为用户查看感兴趣的内容提供方便，同时也可以有效提高用户的访问深度和对账号的关注度，是品牌关注的重点内容，如图 9-8 所示。

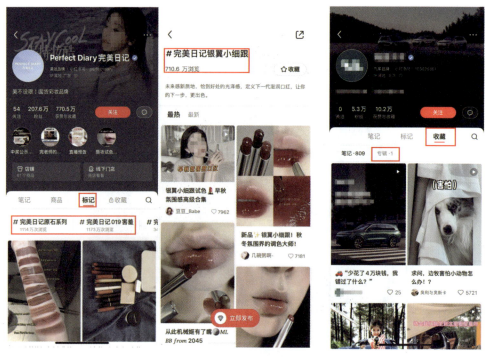

图 9-7　品牌账号话题页　　　　　图 9-8　品牌账号收藏页

综上所述，品牌在运营小红书账号初期必须认识到账号定位的重要性，并根据自身实际情况为账号设置精准的账号定位，以便为账号运营后期的成本分配和运营节奏规划等工作提供支持。

从本质上来看，小红书账号运营也是对笔记内容的运营，品牌在进行小红书账号运营的过程中应根据自身实际情况专门制定运营策略，并在运营策略的指导下展开小红书账号的日常运营工作。具体来说，品牌需要充分确保账号中的笔记内容的一致性，维持一定的笔记更新频率，并加强与用户之间的互动，提高站内店铺的闭合转化率和站外的搜索热度。

第 10 章
种草攻略：品牌种草营销的实战流程

01 种草逻辑：小红书平台受众分析

随着数字技术、网络技术、人工智能技术等先进技术的发展，人们逐渐进入网络信息时代，"网生代"应运而生，这一消费群体在购物方面大多具有"先网络搜索再决策"的特点，而知乎和小红书则是"网生代"经常使用的网络搜索工具。

对"网生代"来说，女生在消费前通常会通过小红书平台搜索各个博主分享的产品相关信息，男生在消费数码产品时大多会通过知乎平台检索产品相关信息。在小红书中，所有的用户都可以发布笔记分享自己的产品使用感受，也可以从其他用户发布的笔记中获取所需信息，用户与用户之间可以互相安利，形成强大的人际传播效应，并由此诞生了专门用于描述安利产品和接受安利的"种草"一词。就目前来看，我国许多新兴消费品牌已经开始通过种草推广的方式来扩大产品的传播范围，并已经利用这种方式打造出了不少爆款。

近年来，网络越来越发达，人们的消费模式也随着网络的发展不断发生变化，尤其是"网生代"消费群体，在产生消费需求后大多会通过小红书等网络平台来获取产品口碑测评信息，判断产品是否值得消费，并在此基础上完成购物决策。一般来说，网生代消费群体的购物模式主要包括浏览、种草、产生消费需求和发生购买行为四个环节，且每个环节中都有网络平台的参与。

由此可见，各个品牌可以积极邀请明星 KOL 和用户来进行产品测评，并在小红书等网络平台中分享自己的测评结果和使用体验，吸引用户兴趣，深化用户对自身的认识，同时借助大量用户的安利来强化平台中其他用户对品牌的信任，进而刺激用户购买产品。不仅如此，品牌还可以借助在小红书平台中长期不断种草的方式来维护自身在小红书的声量，并借此拉动产品销量增长，实现长期营销的目的。

小红书是一个具有大量流量的兴趣社交生活方式平台，也是"网生代"消费决策的重要工具。用户在小红书中输出的内容包括图文笔记和短视频笔记两种类型,各类用户都可以通过小红书完成种草、决策和拔草。

小红书笔记中的内容大多与人们的日常生活息息相关,笔记中所涉及的话题覆盖了服饰穿搭、美容护肤、健身塑形、家居家装、科技数码、文化艺术、手工手作等多个领域,能够为广大用户提供图文精美、内容丰富的消费信息服务。由此可见,对于一些将目标用户定位在"网生代"消费人群以及新中产家庭的生活消费品牌和奢侈品类的品牌来说,小红书是一个非常合适的营销投放平台。

02 制定策略:品牌推广的 4 个环节

小红书投放主要包括判断渠道投放可行性、确立投放目标、拆分渠道预算和评估投放效果四个环节。一般来说,在进行投放之前,品牌方必须先明确自身产品的特性、品牌的调性以及目标用户群定位,再在已经设计好推广方案的前提下制定投放策略,品牌推广的 4 个环节如图 10-1 所示。

图 10-1　品牌推广的 4 个环节

步骤 1:判断渠道投放可行性

首先,品牌方应从自身的品牌调性和产品特性出发,评估小红书与自身产品的适配度,并深入思考以下几个问题,判断是否可以选择小红书作为投放渠道,如表 10-1 所示。

表 10-1　判断渠道投放可行性的几个问题

序号	判断渠道投放可行性的问题
1	自身产品的核心用户群体是否在小红书?
2	各个竞品都选择了哪个渠道进行投放?
3	各个相关行业和自身产品的替代品都选择了哪个渠道进行投放?
4	使用小红书进行投放所花费的获客成本与自身的预算是否相符?

步骤2：确立投放目标

投放目标是品牌方后续精准评估投放效果的重要依据，一般来说，品牌方的投放目标主要包括效果投放、品宣投放和内容种草。

① 效果投放

品牌方可以充分发挥平台中的各项商业资源的作用进行效果投放，并借此达到引流获客的效果。在小红书中，品牌方在进行效果投放时大多使用信息流和搜索引擎优化（Search Engine Optimization，SEO）的方式来投放竞价广告，有时也会对一些数据较好的笔记使用小红书内容推广工具，从而达到提高笔记的曝光度的效果。

② 品宣投放

品牌方既可以通过加大KOL和KOC的投放力度的方式来增加品牌曝光量，也可以通过在App开屏、搜索广告等纯曝光项的资源位中投放品牌相关内容的方式来提高品牌的曝光度，同时还可以利用开展单独的曝光投放专项活动或开展综合性的营销品牌活动的方式来进行投放，以便实现扩大品牌宣传范围的目的。

③ 内容种草

如果品牌方对投放的要求为品效合一，那么需要综合考虑投放对短期效果转化和长期品牌声量推广所起到的作用，并在确保品牌具有一定的曝光宣传的前提下对转化效果进行评估。

效果投放、品宣投放和内容种草适用于不同的投放形式，品牌方既可以利用这三种投放模式进行单次投放，也可以按照自身的实际需求灵活组合，还可以将三种投放模式综合运用到一个投放渠道中进行产品营销和品牌推广。

步骤3：拆分渠道预算

当品牌方需要开展品牌活动或进行单个渠道的推广时，必须提前从投放目标出发来预估投放成本，并针对投放目标和投放预算来调整投放策略，如表10-2所示。

表10-2　品牌推广的投放策略

投放目标	投放策略
效果投放	品牌方在进行效果投放时应根据来自平台效果投放工具的相关数据来提前估算投放成本，并根据周期消耗来实现对投放成本的精准计算
品宣投放	品牌方在进行品宣投放时应先预设可用预算，并针对项目投入来计算出与之相应的预算额度
内容种草	品牌方所开展的内容种草类投放活动大多为周期性的长期投放，因此在预设投放预算时应充分考虑投放周期等因素，选择采用纯佣、置换和寄样等方式来进行产品推广，降低投放成本

步骤 4：评估投放效果

小红书并未根据行业品类、投放规模、投放时段等设置规范化、统一化的投放标准，品牌方在小红书中进行效果投放时难以精准评估投放效果，也难以判定小红书营销所带来的价值，因此品牌方需要制定科学、合理、统一的投放绩效考核标准。

a. 投放绩效考核标准中应包含对单次互动成本（Click Per Engagement，CPE）的考核，与其他投放渠道相比，小红书的曝光量较低，千人成本（Cost Per Mille，CPM）难以有效衡量出小红书的投放效果，因此品牌方在考核投放绩效时可以根据互动量等数据来计算和评估，一般来说，效果较好的投放的 CPE 大多不会超过 5。

b. 投放绩效考核标准中应包含对爆文率的考核，一般来说，爆文率就是品牌方在一定时间内所产出的爆款笔记占投放笔记总数的比例，在小红书中，点赞数超过 1000 的笔记就可看作是爆款笔记。

c. 投放绩效考核标准中应包含对笔记收录率的考核，品牌方在发布笔记后应整理和计算笔记在各个相关话题和关键词下的收录情况。

d. 投放绩效考核标准中应包含对各个相关关键词下笔记排名的考核，品牌方在发布笔记后应动态跟踪笔记在各个相关关键词下的排名情况，一般来说，进入小红书的关键词搜索页面前 6 名的笔记可看作优质热门笔记。

e. 投放绩效考核标准中应包含对关键词自然搜索情况的考核，一般来说，品牌方在考核关键词的自然搜索情况时主要需要参考百度指数、淘宝搜索热度、生意参谋关键词分析等电商平台和搜索引擎中的关键词搜索数据以及电商进店量、产品销量、产品的客户询问量等各项相关数据，以便对投放效果进行全方位评估。

03 KOL 筛选：选择优质的达人账号

品牌方在筛选 KOL 账号时，可以通过筛选竞品关键词、筛选产品所在行业话题、筛选产品垂直品类话题、选取相关备选博主发现页中的话题、综合分析来自数据平台的各项效果数据和账号表现相关信息、对比电商平台后台报价、分析账号的近期商业内容数据以及对 CPM、CPE、CPC（Cost Per Click，每次点击成本）进行预估等方式来选择符合自身实际情况的达人账号。

（1）如何精准提炼关键词

当品牌在小红书中处于起步阶段需要增加声量时，应该在自身发布的笔记中加入多个能够精准描述产品的关键词，为该笔记收录进平台提供保障，进而确保平台能够将该笔记推送给各相关用户。

品牌方在提炼关键词时可以通过搜索关键词并查看内容的方式来评估各个关键词的热度，除此之外，笔记的热门导航也是品牌方了解关键词热度的有效方式，品牌方可以在全面掌握各个相关关键词的热度情况的基础上进行精准提炼，以便提高自身在小红书中的品牌声量。

（2）怎么判断账号是否优质

品牌方在投放之前需要先选定部分优质账号作为投放工具，一般来说，品牌方可借助对笔记质量和爆文率等内容质量的评估、对互动率和评论内容等数据的分析、对互暖❶和刷量❷等情况的判断以及对达人账号投放性价比的评估来找出优质账号，如图10-2所示。

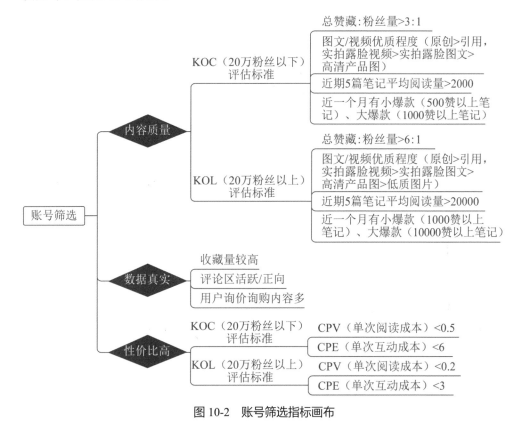

图10-2　账号筛选指标画布

---

❶ 互暖：指互相帮对方的笔记点赞、收藏、评论，同时互相关注以提升自身数据。

❷ 刷量：指使用作弊手段获得虚假的点赞、收藏等数据，以此谋得更高商业价值。

（3）如何写一份清晰明确的简介

品牌方无论采取哪种方式进行投放，都需要在投放执行的过程中先制定出一份清晰明确的简介，包含品牌介绍、投放项目介绍、产品介绍、利益点、植入要素、内容方向、素材要求、参考示例、必有和不可有项目、执行时间线且具有需求清晰、要点明确、参考资料翔实等特点的简介文档。简介文档的具体内容如表10-3所示。

表 10-3　简介文档内容

核心要素	要素说明
品牌介绍	品牌手册/公司介绍文档，向合作方介绍品牌资质和行业属性
投放项目介绍	如果是整合营销项目的推广投放，需要简要说明项目背景、项目主题、推广目标
产品介绍	产品属性、产品目标用户群体、产品卖点和功效、本次投放主推的核心卖点
利益点	本次投放需要露出的利益点（为转化做承接）
植入要素	必须植入的文案、图片、信息等
内容方向	具体创作要求，对内容形式的要求（图文/视频），包括图片数量、视频长度、品牌信息露出的比例和程度等
素材要求	封面图的要求、图片数量和风格要求、视频脚本类型要求，品牌方提供的素材使用说明
参考示例	为KOL提供两到三条内容风格参考
必有和不可有项目	提供给KOL创作的特别说明，一定要突出产品要点/要素，不可包括违禁词、竞品名称等
执行时间线	给出创作大纲、初稿、定稿的最后截止期限

04 爆款运营：爆款笔记与内容转化

一般来说，笔记是否能够成为爆款主要受内容质量、内容与平台风格、用户需求和当前热点之间的契合度以及运气三个方面的影响。其中，笔记内容质量的影响比重大约为30%，内容与平台风格、用户需求和当前热点之间的契合度占60%左右，而运气的比重约占10%。

由此可见，笔记的内容是决定笔记是否能够成为爆款的关键，品牌方在投放笔记之前必须对爆款笔记进行深入研究和细致拆解，并全方位把握小红书用户的审美偏好、价值需求和平台风格，以便有针对性地创作笔记。

（1）爆款公式："10-3-1 聚焦法"

"10-3-1 聚焦法"是小红书笔记创作者确定选题的有效方法，也是品牌方认识和把握商业内容的工具。具体来说，"10-3-1"就是 10 个爆款选题、聚焦 3 个领域和选 1 篇最火爆的笔记内容，如图 10-3 所示。

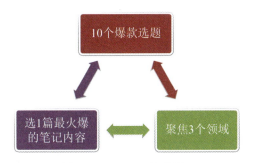

图 10-3 "10-3-1 聚焦法"

① 10 个爆款选题

品牌方需要从已经选定的 3 个领域中分别找出 10 个爆款选题进行投放测试，也就是一共需要日更 30 篇笔记。

② 聚焦 3 个领域

品牌方日更的 30 篇笔记应当聚焦在 3 个领域，在细分领域内进行深入分析和挖掘，并根据各个笔记的数据找出适合自身投放的领域和选题，找出较为火爆的关键词进行尝试。

③ 选 1 篇最火爆的笔记内容

品牌方可以从 30 篇笔记中找出最火爆的 1 篇，并对这篇笔记的选题和关键词进行深入分析和挖掘，以便后续以该篇笔记为模板继续打造更多爆款笔记。

小红书的笔记创作者在创作笔记内容时需要充分考虑文案、封面和关键词三个方面的内容，如表 10-4 所示。

表 10-4 笔记内容创作的注意事项

笔记要素	注意事项
文案	合理控制文案字数，确保文案字数在 300 字左右，即便需要表达一些较为复杂的内容，也要在表述清楚的前提下尽量将文案的字数控制在 500 字以内
封面	制作清晰直观、重点突出的封面图，让用户能够直接从封面图中获取信息，以便吸引用户
关键词	仔细筛选笔记的关键词和标签，既要确保标签能够精准描述产品，也要注意关键词和标签的热度，以便借助关键词和标签来确保笔记能够被平台收录

（2）高效种草：功能点清晰 + 定向转化

一般来说，爆款笔记通常具有易于理解、易于记忆、使用方便、便于用户拍照记录、满足用户幻想、包含折扣刺激等特点，能够为用户获取信息提供方便，同时也能够充分满足用户需求。

小红书笔记的创作者在创作爆款笔记时不仅需要在笔记内容中融入产品卖点，还要针对爆款笔记的特点进行创作。具体来说，创作者可以找出产品中与各个竞品不同的卖点进行强调，也可以在产品的诸多卖点中选择一个简单好记的卖点作为主推内容，除此之外，创作者还可以针对特定人群、特定场景或特定的消费场域来进行安利，提高笔记内容的针对性，同时也可以利用专属折扣、限时促销等利益诱导手段吸引用户。

（3）内容推广如何做转化？

① 组件跳转

品牌需要通过内容推广来实现用户转化，且大多数品牌都可以通过组件跳转的方式来促进用户转化。具体来说，组件跳转主要包括两种转化方式，一种是从信息流广告位到品牌落地页，再到用户留存并跳转商城店铺，另一种是利用薯条推广中的营销推广功能设置私信组件，并从该组件跳转到商家店铺私信界面中。

② 对暗号领优惠券

在小红书中，对暗号领优惠券是一种行之有效的用户转化方式。品牌方通常使用评论区安排评论和博主视频口播等方式来落实这一操作，具体来说，评论区安排评论就是在笔记的评论区中发表购买方式、购买链接、产品款式等信息；博主视频口播就是由博主以口播的方式向用户传递活动产品、活动时间、购买方式等信息。

05 注意事项：品牌种草的注意事项

（1）建立长远的店铺运营规划

品牌方在小红书中进行营销时应在确保自身产品与小红书之间高度适配的基础上加大对内容铺设和长期规划的重视程度，增加对小红书平台的精力投入和时间投入，同时也要在与达人深度合作的前提下积极运营属于自己的企业机构账号，并在账号主页中开设小红书店铺，方便用户进店消费，加强营销推广与内容运营以及促销转化的融合，从而从整体上提高营销效率。

（2）注重内容种草的真实性

品牌方在发布种草笔记时应平衡好笔记内容和品牌植入的占比，并在严格遵循社区内容规范的基础上提高内容植入的灵活性，确保反馈的客观性和真实性，同时简洁直观地描述产品的成分和特点等，为用户理解笔记内容和了解产品提供方便。

以产品测评类笔记为例，博主既可以通过横向对比同类产品的方式来向用户展示产品卖点，也可以通过提高内容的真实性的方式来获取更多的平台曝光和推荐，同时博主也要注意避免笔记中出现通篇夸赞的现象，并提高文案的生动性和趣味性，以便更好地吸引用户和说服用户。

（3）遵守小红书平台的运营规则

首先，品牌方应充分了解小红书对社区内容的把控原则，多发布高质量的笔记内容，尽量避免只发通稿，防止因笔记内容雷同等问题引起平台限流或被平台判定为垃圾营销。

其次，品牌方在利用小红书进行营销推广时需要加大对舆情维护的重视程度，一般来说，无论是来自竞品的负面投诉笔记，还是来自用户的负面投诉笔记，都会对品牌方的品牌投放效果造成不良影响，尤其是当负面投诉笔记在关键词搜索排名中位于前列时，品牌方必须积极引导舆论，通过在评论区发布关于产品的正面评价等方式来打消用户的顾虑。

在舆情处理方面，对于用户投诉反馈，品牌方可以使用官方号与发布负面投诉笔记的用户私信沟通让其删除笔记，也可以使用素人号在负面投诉笔记的评论区中发布关于产品的正面评价，向其他用户进行正向宣传；对于竞品发布的投诉笔记，品牌方可以求助专业的舆情维护机构，降低投诉笔记的权重，防止该笔记出现在用户的关键词搜索页面中。

第 11 章
PKCKS 模型：品牌种草的 5 大维度

小红书作为一个主打内容种草的电商平台，为各大、中、小企业或品牌提供了一个成熟、有效的推广渠道。下面我们将对小红书平台以达人种草为核心的营销打法——PKCKS 投放方法论进行介绍。

"PKCKS"一词为 Product、Keyword、Content、KOX 和 Schedule 的缩写，分别对应产品投放策略、关键词投放策略、内容投放策略、KOX（小红书达人）投放策略和投放节奏策略五个投放策略，如图 11-1 所示。

图 11-1　品牌种草的 PKCKS 模型

01 产品投放：基于平台的用户属性

下面我们首先对产品投放策略进行简单分析。

与淘宝、京东等大型综合电商平台相比，小红书的用户及受众群体更具有针对性，正如拼多多主打低价，当当网主打图书，小红书则主打美妆、母婴、时尚等受到都市女性群体关注的内容。商家需要基于平台用户特性，考虑什么样的产品容易在小红书上被"引爆"、哪一类产品能够获得较好的营销效果。根据平台公开的大数据，可以总结出以下结论，刚需、高颜值、价格实惠、DSR 评分❶高

---

❶　DSR 评分是电商行业的一个专属词汇，DSR 是卖家服务评级系统（Detail Seller Rating）的简称。DSR 评分有三个指标，分别是商品描述、服务和发货速度。

的店铺的产品更容易受到用户的关注。另外，从产品品类来看，目前小红书用户关注的焦点体现在彩妆、护肤、穿搭、美食教程等品类，由于平台聚集了数量庞大的年轻女性用户，此类品牌或商家在小红书上进行营销投放将更有优势。

02 关键词投放：优化产品信息搜索

当前，小红书不仅仅是一个内容创作分享平台，也是一款比较可靠的产品搜索、查询工具，许多用户在平台上搜索产品信息。关键词与产品标签的匹配度影响了用户的搜索结果，因此，为了使用户快捷地检索到想要的内容，同时尽可能提高品牌、产品推广信息的曝光率，合理布局关键词就显得尤为重要。

那么，应该怎样布局关键词呢？可以采用"根词（核心词）—衍生词—投放关键词"这一辐射式拓展的布局方式。

根词即对产品、品牌最基础的、最核心的描述，例如产品或品牌名称；衍生词主要是对产品不同角度的描述，包括产品功效（如美白、抗衰老）、成分（如玻尿酸、烟酰胺）、别称（如小棕瓶、白胖子）、常用宣传口号（如XX推荐）、热点话题（如情人节限定）、使用场景（如夏日清透妆容、职场必备）等。

有了衍生词后，平台通过对用户浏览行为的大数据分析，了解不同领域、圈层用户对关键词的感知度，通过筛选、验证，确定最优关键词。

根据现有经验，针对KOL内容种草的关键词布局一般要遵循以下准则：

a. 根据热搜词、热点话题布局关键词，尤其应实时关注那些热度值不断上升的产品。

b. 长尾词与即时词相结合。长尾词是由核心词延伸出来的，对产品有较长篇幅的描述，可以增加更多搜索流量；即时词则主要是对产品的直接、简单的描述。二者的分布一般采用"七三原则"，即长尾词占70%，即时词占30%。

c. "硬广词"与"软文词"结合。"硬广词"一般具有描述内容客观真实、具有较强宣传力的特点；"软文词"主要是指那些富有文字张力、文风独特的描述，可以使受众产生兴趣、留下深刻印象，或产生购买欲望。

d. 实时优化关键词，替换那些存在歧义、误导或负面影响的关键词。

e. 就新锐品牌来说，应该关注对大类目词的细分与完善。

f. 平台应该根据不同品牌的口碑、影响力、成熟程度等属性，选择合适的关键词布局策略。

03 内容投放：直击用户需求与痛点

好的内容策略是达到良好推广效果的基础。根据以往投放经验和大数据分析结果来看，清单种草、产品测评、干货分享类的内容更容易出爆文。同时，企业应该选择内容风格、气质与品牌调性相符的达人博主，通过不同博主的不同视角展现出产品、品牌优势，从而实现营销效果最大化。

博主在创作"种草"笔记时，可以融合应用多种展现形式，例如"文字+图片""视频+文字"等，标题是吸引人们注意力的关键要素，一般要求直击用户需求和痛点，尽可能激发用户的阅读兴趣；标题文案和首图（封面图）奠定了笔记的整体基调；整体文案内容篇幅不宜过长，并尽量使用通俗易懂的文字进行描述。

小红书作为一个高质量的生活分享社区，应该利用多种方法尽可能保障内容质量，避免向用户推送虚假宣传、恶意营销的内容，品牌方和内容创作者也应自觉遵守平台公约，为用户提供有用的活动福利和种草笔记，向用户展现出自己的诚意，从而为用户转化提供条件。

04 达人投放：筛选达人的5个维度

除了关键词布局和内容策略，达人选择也是影响投放有效性的重要因素。小红书上的达人类别是丰富多样的，根据影响力大小，大致可以分为头部KOL、腰部KOL和数量最多的KOC达人创作者。这些创作者的优势、特点各有不同，但也有一定的共性，例如具有一定的专业度、口碑好等。

品牌如何选择和筛选合适的达人，可以参考以下维度，如表11-1所示。

表 11-1　品牌筛选达人的5大维度

维度	具体内容
达人基础数据	粉丝黏性、粉丝数、粉丝互动积极性
匹配程度	达人创作者的个人气质、人设或笔记风格与品牌调性的契合程度
内容质量	种草笔记的质量、更新频率、内容真实性、爆款率等
商业能力	达人粉丝的消费能力、种草转化率等
性价比	品牌付出的成本（或创作者推广报价）是否与推广效果匹配

品牌如果能够找到合适的KOL达人，不仅可以促进双方顺利合作，还容易产出高互动、高转化、高爆款、高复投价值的笔记内容，从而达到事半功倍的推广效果。

05 投放节奏：选择合适的投放策略

稳步推进的投放节奏有助于品牌方在用户群体中营造良好的品牌形象，沉淀用户基础，因此品牌方需要精准把控投放节奏。一般来说，在新产品上市时，品牌方的投放节奏大致可划分为前、中、后三个阶段，如表11-2所示。

表 11-2 品牌方的投放节奏与策略

投放节奏	投放策略
前期	品牌应遵循轻量化投放的原则，重视素人新博主的作用，以好物分享合集的形式向用户安利，为新产品打造良好的口碑，同时积极创作相关爆款笔记
中期	品牌应在已经完成用户沉淀的基础上进行密集投放，逐步加大腰部达人和初级达人的投放力度
后期	品牌应在完成日常化沉淀目标用户工作的基础上找出重点时间节点，并从话题出发进一步加大投放力度，推动用户转化，同时充分发挥笔记内容的作用，实现销售转化

总而言之，在投放初期，品牌可以通过安排素人博主发布种草笔记的方式来提高自身在平台中的品牌声量，再逐步降低素人投放占比，加大腰部达人和初级达人的投放量。此外，品牌方在实施达人投放策略的过程中，也需要结合自身条件和投放目标，把握好合适的投放节奏。

（1）新锐品牌的小红书投放策略

对新锐品牌来说，提升曝光量是短时间内拓展市场的有效方法之一，因此可以采用短期内集中投放的策略，以快速形成口碑效应，尽可能扩大知道产品或品牌的用户范围。通过小红书爆款笔记奠定用户基础后，可以向其他社交平台、电商平台拓展，进一步释放互联网的推广潜力。

（2）成熟品牌的小红书投放策略

对于已经树立起较好口碑、有一定用户基础的成熟品牌，其推广的主要任务是维持产品热度和品牌口碑，增强用户黏性。因此，可以采取稳健型日常投放策略，通过腰部 KOL 和尾部 KOL 进行单品种草，加深用户对产品的认识，从而以有限预算达到较好的投放效果。另外，可以在重要节日、活动等节点进行集中投放，构建覆盖头部、腰部、尾部的投放矩阵，从而快速促进用户转化。

第 12 章
落地路径：达人投放与转化实战攻略

01 声量监测：提升品牌的传播热度

传统电商的商品销售依赖用户需求，小红书平台则是以分享生活的方式向用户展示各类用于吃喝玩乐的商品，吸引用户产生消费欲望，进而借助种草分享来带动消费。与传统的广告植入相比，小红书中的软广具有更好的转化效果，因此小红书逐渐成为各个品牌方和广告主投放广告的新平台。

品牌声量监测是品牌方在投放广告过程中不可或缺的准备工作。品牌声量是一项可用来评估品牌在社交平台中的健康度的指标。一般来说，品牌传播面和触达的消费者数量都与品牌声量之间存在正比关系，因此品牌声量份额的增长能够带动品牌传播面的扩大和触达消费者数量的增长，进而为品牌带来更好的营销效果。在投放过程中，品牌需要对品牌声量进行实时监测，对传播热度的发展趋势进行预测，并实时监控品牌舆论，根据各项相关数据分析投放效果。

在小红书中，品牌可以根据对声量相关数据和用户反馈的分析来了解用户对自身的看法，掌握用户当前对自身产品的需求情况，并据此对运营策略进行优化，以便提高用户黏性，获取更多曝光。具体来说，品牌声量具有以下几个方面的作用，如表 12-1 所示。

表 12-1　品牌声量的作用

序号	主要作用
1	将品牌的知名度和用户关注度等量化，以便品牌对其进行分析和评估
2	为品牌了解自身在用户群体中的影响力提供支持，以便对销售趋势进行预测
3	为品牌及时了解竞品发展情况和把握行业发展趋势提供支持，有助于品牌设计和优化营销策略
4	品牌分析营销效果和投放效果时的重要参考数据
5	有助于品牌进行舆情监控，为品牌打造良好的品牌形象提供支持

续表

序号	主要作用
6	帮助品牌了解当前的社交媒体对商品的评价、客户对商品的使用感受以及自身的口碑情况
7	有助于品牌深入分析目标消费人群的偏好和需求,品牌可以在品牌声量的支持下进行产品创新

一般来说,品牌方通常会从数量和质量两个方面对自身在小红书中的自然声量情况进行调查。

(1)数量

数量影响着品牌方接下来在小红书中的营销策略,当品牌方在小红书中的已有声量较低时,品牌方将会先提高品牌声量,并充分发挥底部和腰部达人的作用来沉淀品牌内容。

小红书在内容上具有开放性的特点,鼓励用户积极进行好物分享,因此即便品牌从未在小红书中开展过营销活动,也可以借助底部和腰部达人来带动用户关注和讨论自身产品,从而达到提高品牌热度的目的。对于在小红书中已经具备一定声量的品牌来说,需要进一步保证自身品牌声量的质量。

(2)质量

一般来说,在小红书中已经具备一定正面声量的品牌大多可以借助用户的自发安利来扩大宣传范围,优化营销效果,同时这类品牌在广告投放方面也会更加重视引导和转化;而在小红书中所积累的声量大多为负面声量的品牌则难以获得有效的营销效果。

由此可见,自然声量的质量能够直接影响品牌全渠道的销量,为了确保自身能够获得良好的营销效果,品牌方需要在开始营销之前先做好舆情管控工作。

对于已经存在于小红书中的负面声量,品牌方应采取自我审查的方式来全方位搜索关于自身的负面信息,并对包含负面信息的笔记进行追踪,通过协商删帖和举报投诉等多种方式来减少负面声量的数量,同时也要构建小红书舆情监控系统,以便及时发现并处理各类不利于自身品牌形象的负面舆论。

02 竞品分析:搜集与筛选竞品信息

在明确品牌当前已有声量的前提下,品牌可以先确定在小红书中投放营销广告的主要目标，并逐步确定投放内容。在确定投放内容的过程中，品牌方需要先明确自身产品的卖点，计划好需要通过营销广告向用户传达的信息，以便根据自身的实际情况和用户需求进行精准投放。

在确定产品卖点的过程中，品牌方既要充分考虑自身产品的特性，也要根据实际情况进行差异化定位，并对竞品进行深入分析。

（1）竞品选择

一般来说，竞品主要来自直接对手、间接对手和潜在对手三种类型的竞争者，如图 12-1 所示。

① 直接对手

直接对手就是直接竞争者，这类竞争对手通常与品牌方拥有相同的产品和相同的目标用户群。以网络 App 为例，腾讯视频、优酷视频、爱奇艺视频等视频播放软件互为直接对手，抖音、快手等短视频平台互为直接对手，QQ 音乐、网易云音乐等线上音乐 App 互为直接对手。

图 12-1　竞品来源的 3 种类型

② 间接对手

间接对手就是间接竞争者，这类竞争对手通常与品牌方具有相同的目标用户群体，但产品的形态和商业模式并不相同。例如，微信公众号是图文产品，抖音为短视频产品，二者在形态和商业模式方面存在许多差异，但目标用户群却具有较高的重合度，因此微信公众号和抖音之间互为间接对手。近年来，抖音等短视频平台的飞速发展，导致用户注意力分散，微信公众号的整体阅读率不断下降。

③ 潜在对手

潜在对手主要包括横向产业相关者、纵向产业相关者和相关领域的大型企业。

- 横向产业相关者：与品牌方提供同类型或相似类型的产品和服务的企业；
- 纵向产业相关者：产业链上下游的各个企业；
- 相关领域的大型企业：拥有大量该领域或相关领域资源的企业。

对大多数企业来说，直接对手和间接对手都是比较容易识别的竞争者，但潜在对手通常具有识别难度大、危险系数高等特点，可能会对企业造成致命打击，因此能否精准识别潜在对手对企业来说至关重要。

（2）竞品分析维度

一般来说，企业大多需要从投放策略和投放效果两个维度对竞品进行深入分析。

企业需要通过竞品分析来明确自身在投放中的主打卖点、卖点相关场景、达人投放数量、达人投放量级、达人投放领域、竞品专业号运营情况以及投放内容的形式等诸多内容，以便为自身的后续投放工作提供信息层面的支持。

但同时企业也要注意，在进行竞品分析时不能只简单地罗列各项竞品相关数据，而是要从大量数据中筛选出有价值的数据进行利用，并在投放竞品时积极探索和创新，寻找新的可利用的竞品数据，及时从各项数据中发现竞品的不足之处，并反思自身是否存在相似的情况，以便实现对各类不利因素的有效防范。

03 卖点确定：明确产品差异化定位

企业在掌握竞品数据的前提下，可以从竞品数据出发进行探索，找到符合自身实际情况的赛道，并打造具有差异化的卖点。企业在寻找差异化卖点的过程中既可以根据当前赛道中的负面声量进行反向选择，也可以对当前赛道中的正面声量进行进一步优化和充分利用，同时还可以针对用户需求、实际场景和具体内容来打造全新的卖点，并提高卖点的差异化程度。

（1）用户需求分析

一般来说，小红书用户对以下三方面的内容的关注度较高，如图12-2所示。

图12-2 小红书用户关注度较高的内容

① 高颜值

从用户群体上来看，小红书的用户大多为年轻女性，这类用户对产品外观的要求较高，因此企业在进行产品设计时需要加倍重视产品外观，在明确产品卖点和特性的基础上最大限度地提高产品颜值，以便吸引用户的注意力，激发用户的购买欲。

② 新奇

小红书中的用户对一物多用、联名、跨界等产品具有浓厚的兴趣，因此企业可以加强产品创新，通过对已有产品的创新升级来激发用户的好奇心和购买欲，除此之外，"DIY"等话题在小红书中也具有较高的关注度，企业也可以将这些关注度较高的话题融入自身的产品和营销方案中，增加产品卖点。

③ 性价比

小红书是一个服务于用户的分享种草平台，且用户群体具有年轻化的特点，用户与用户之间会互相分享自身使用感受较好的产品，一般来说，性价比较高的产品更容易获得大量用户的分享和种草，而性价比较低的产品则很难有用户积极分享推荐，同样也难以被大量用户种草。

（2）卖点组合

企业可以在竞品分析的过程中广泛采集产品信息，同时综合利用产品特性信息来确定产品的卖点。一般来说，一项产品通常具有许多卖点，企业在投放方面的预算和周期难以支撑其针对每个卖点进行大规模投放，因此为了获得更好的投放效果，企业需要先对产品的各个卖点进行筛选，再根据实际场景和功能定位等因素对这些经过筛选的卖点进行合理组合和配对。

（3）测试卖点

当企业进入一个新的投放平台或采用新的产品展示样式时，需要先少量投放进行卖点测试，在测试通过后再逐步加大投放力度，扩大投放规模，从而降低投放风险，充分确保投放的有效性。企业也可以分析和参考竞品策略，但在大多数情况下双方的实际情况并不完全相同，因此企业不能直接照搬竞品策略。

对企业来说，投放环节应根据自身实际情况测试已经预先选择好的卖点，并在产品测试的过程中吸取经验和教训，同时根据测试结果不断优化投放方案，以便后续顺利开展大规模投放工作。

具体来说，企业进行产品测试的测试周期通常在一个月到三个月之间，选取的博主通常遍布多个层级、维度和领域，且产品测试并非仅用个别博主投放的方式来判断投放效果，而是借助小红书中具有随机性特点的流量来选择一定数量的样本进行测试，能够有效防止运气等不可控因素对测试结果造成的干扰，充分确保测试结果的精准性，进而为企业判断产品是否能够成为爆品提供强有力的支持。

企业在产品测试环节所选择的达人既要有较高的性价比，也要有良好的实际效果产出，不仅如此，在完成产品测试后企业还要对已达标的新产品继续进行营销投放，对未达标的产品进行优化或其他处理，将自身在未达标产品中的损失降至最低。

04 落地策略：不同阶段的投放思路

（1）氛围营造期

氛围营造期可看作投放的准备时期，在这一时期，企业需要先提高品牌声量，扩大品牌的传播范围，在小红书中营造出众多用户热烈讨论自身品牌或产品的氛围，同时也要加强与各类达人的合作，借助遍布各个领域的达人来扩大产品信息传播范围，以便让更多用户群体了解到自身品牌和产品，除此之外，企业也要积极进行产品创新，开发能够广泛应用于多种应用场景的新产品，进而达到借助应用场景丰富度来扩大用户范围的目的。

- 投放思路：企业在投放时应注重投放的多元化、触达的广泛性以及品牌故事讲述角度的丰富性。
- 达人投放策略：企业可以按照"30%关键意见消费者（KOC）+50%腰部KOL+20%头部KOL"的比例安排达人投放。具体来说，30%KOC用于测评产品、发现产品问题和带动用户讨论，帮助企业完成造势工作；50%腰部KOL用于帮助企业在各类内容场景中营造多元化的传播氛围，扩大传播范围；20%头部KOL用于产出转化类内容，帮助企业进一步提高品牌声量。

（2）集中爆发期

处于集中爆发期的品牌大多已经具备较大的圈层和较高的声量，整体流量稳定，但同时也存在难以打破流量瓶颈的问题，因此品牌需要积极采取相应的措施来扩大品牌曝光规模，以便获取更大的流量。

- 投放思路：企业需要以不同的角度和不同的配比来扩大各个领域、各个量级的达人的输出流量，最大限度地匹配资源，并将匹配到的所有资源都用于流量输出当中。

- 达人投放策略：企业可以按照"10%KOC+80%腰部KOL+10%头部KOL或明星"的比例来安排达人投放。

在集中爆发期，企业大多将腰部KOL作为投放的主力，充分发挥腰部KOL的力量在整个小红书平台中营造品牌安利、产品种草的氛围，同时企业也会在一定程度上适当降低KOC的投放比例和头部达人的投放量，利用圈层效应来获取用户的自发种草行为，鼓励平台中的用户积极讨论和种草，不仅如此，企业还会安排10%比例的明星投放来扩大流量，大幅提高品牌声量，丰富KOL话题。

（3）促进转化期

当品牌进入销售转化时期时，用户对品牌和产品的了解已经越来越深入，企业需要提高用户的购买欲，打破用户当前的状态，推动用户由"旁观者"转化为"购买者"。

- 投放思路：企业可以将投放的重点从种草转移到站内直播、引流直播和输出官方内容等方面，积极利用各种手段来直接促进用户转化，同时可以在减少成本支出的前提下继续投放种草相关内容。
- 达人投放策略：企业可以按照"20%KOC+30%头部KOL"的比例来安排投放。

在促进转化时期，企业的工作重点是实现用户转化，在实际工作中，企业需要安排30%比例的头部KOL进行直播和挂载商品卡，以便推动用户购买产品，同时也要安排KOC发布产品测评相关内容，与平台中的众多用户分享自己的使用感受，进一步促进用户转化。

Part 4
直播电商篇

第 13 章
主播筛选：商家与主播合作操作要点

01 直播玩法：直播电商的 5 种模式

直播带货主要围绕"人"来展开销售活动，具有市场产品流通效率高、商品价格低、优惠力度大等特点，在确保商品质量的前提下能够吸引大量消费者。

（1）直播电商的类型

直播电商可以按照合作方式划分为品牌专场/包场和整合拼场两种类型，如图 13-1 所示。

图 13-1 直播电商的两大类型

① 品牌专场/包场

整场直播全部被一个品牌包揽的直播就是品牌专场/包场。品牌专场/包场直播具有指向性强、成本高等特点，能够对商品进行全方位展示，是许多知名品牌和大型企业常用的直播方式，但这种直播方式并不适用于中小型商家。

② 整合拼场

一场直播中包含了多个品牌或商家的产品且直播费用由参与直播的所有品牌或商家共同承担的带货直播就是整合拼场。整合拼场直播具有风险小、成本低等特点，能够为营销资金较少的品牌和商家提供较为专业化的产品营销服务，并利用科学有效的营销方案和主播的人气帮助品牌和商家提高销售额，是中小型卖家常用的直播方式。

（2）直播电商运营的 5 种模式

直播电商运营模式主要包括单品直播、产地直播、代购直播、秒杀直播和 PK 带货，如图 13-2 所示。

图 13-2　直播电商运营的 5 种模式

① 单品直播

单品直播是指直播重点只放在一款或几款单品上的直播，这类直播的宣传商品可以是衣、食、住、行等任意领域中的产品，在直播过程中，主播通常会试用产品，并向观众描述自身的使用感受，让观众能够更加直观地了解产品，同时也能拉近品牌与观众之间的距离。

具体来说，主播需要根据产品的上架顺序依次向观众介绍产品的特点、优势和使用方法等信息，从不同的维度突出展示产品卖点，并在直播过程中不断与观众进行互动，同时激发并引导观众的消费需求，吸引观众购买产品。单品直播是当前各大主播常用且在消费者群体中比较受欢迎的一种直播模式。

② 产地直播

产地直播是指主播到商品的原产地进行现场直播，这类直播的宣传商品大多是水果等农产品，在直播过程中，主播通常会直接向观众展示产品以及产品的生产环境，提高观众的信任度，同时这种直播方式也能够有效避免中间商赚差价，从而在一定程度上确保产品的品质和性价比，达到提高产品购买率和复购率以及商家销售额的目的。

③ 代购直播

代购直播是指主播在商场专柜进行现场直播，这类直播的宣传商品大多是大牌化妆品和护肤品等在商场中设有专柜的产品，在直播过程中，主播通常会直接向观众展示产品的资质证书、检验报告等材料以及产品货架，提高观众的信任度，同时也让观众能够更加直观地了解产品的价格和品类等信息，并借助产品优惠等手段来刺激观众消费。

④ 秒杀直播

秒杀直播是指限时或限量购买的直播，在这类直播中，主播通常会向商家争取一定的粉丝福利，并将部分产品低价限量销售，同时借助"今天优惠数量有限""这个颜色就只有最后两件了""卖完就没有了，先到先得"等话术来进行饥饿营销，刺激观众快速下单，进而达到产品销量大幅增长的目的。

⑤ PK 带货

PK 带货是指主播以连线 PK 的方式来吸引对方直播间中的粉丝下单购买商品的直播。这种直播方式对主播的要求较高，主播在带货时需要保持思路清晰，并精准高效地向观众传达商品相关信息，以便吸引更多潜在客户购买商品。

具体来说，当主播直播间中的观众有 500 人，而对方直播间中的观众超过 1000 人时，主播可以在连线打 PK 的过程中介绍自身产品，吸引对方直播间中的观众到自己的直播间中下单，这既能够增加自身直播间的观众数量，提高自身直播间的人气，也能够有效提高下单成交率，售出更多商品。

02 素质修炼：主播必备的 3 大技能

主播作为直播过程中用户与商品之间的媒介，需要将商品全面、准确地展示给用户，并引导用户产生购买商品的意愿，这就需要主播具备较强的商品讲解能力、商品带货能力以及直播控场能力，如图 13-3 所示。

图 13-3　主播必备的 3 大技能

（1）商品讲解能力

在面向用户直播的过程中，主播承担的一个重要角色是商品的销售者，因此，主播需要了解商品的相关信息，并将这些信息准确、全面地传达给用户。

与普通的商品销售相比，优秀的主播需要具备出色的商品讲解能力，他们在商品销售方面的优势体现为以下几点：首先，主播在选品以及与企业沟通的过程中，会获得大量关于商品的信息，并十分了解商品的卖点和优势，因此在后续的直播过程中更能够突出商品的亮点；其次，主播往往具有一定知名度或专业度，能够凭借个人的影响力为商品背书，更容易获得用户的信任；再次，主播可以利用直播这种形式将商品带入多种应用场景中，并体现其在不同场景中的价值。

比如，主播要将面膜作为推荐商品，首先，主播需要了解这款面膜的商品性能，包括面膜的成分含量、主打功能以及品牌定位等；其次，消费者肤质不同，对面膜的需求也存在差异，因此主播需要精准捕捉其中暗藏的消费者心理预期；再次，主播还需要注意同质面膜之间的差异化销售，熟练掌握推荐面膜的专业知识，在消费者提出疑问时，及时给予专业的解答，从而打造专业、值得信赖的主播形象，提升商品对用户的吸引力，从而促成购买行为。

（2）商品带货能力

作为商品的销售者，主播必须不断提升自身的带货能力。需要注意的是，带货能力的提升是一个循序渐进的过程，需要不断学习、复盘、总结。主播带货能力力的提高可以分为3个阶段，如图13-4所示。

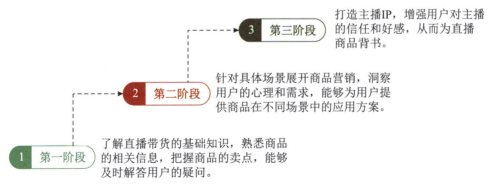

图13-4　主播带货能力提升的三个阶段

（3）直播控场能力

直播控场能力之所以重要，是因为一场直播的节奏并非一成不变，其中可能存在冷淡开场、人气增长、人气稳定等波动过程。因此，主播需要根据直播流程，把控直播间气氛，通过与用户的积极互动，提高用户留存率，并促成最终的商品购买。主播的直播控场能力主要体现在以下几个方面，如图13-5所示。

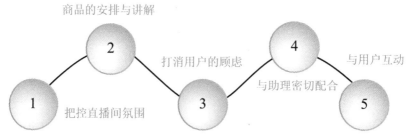

图13-5　主播的直播控场能力

① 把控直播间氛围

主播对于直播间氛围的把控非常重要，比如在什么时候活跃气氛，在什么时候引导用户刷屏、点赞，在什么时候引导用户积极关注自己，都是主播需要掌握的基本技能。用户只有在直播间具有沉浸感、拥有良好的直播观看体验，其心理预期才能得到满足，才会延长停留在直播间的时长，并跟随主播带货的节奏完成商品交易。

② 商品的安排与讲解

在直播开始之前，主播以及团队就需要确定好商品排序，根据直播间销售数据适当调整商品上架顺序或者增减商品上架时间，并根据实际销售效果决定是否需要替换商品。一般情况下，单品的上架时间相对固定，但如果销售达不到预期或者直播间用户反映比较冷淡，就可以考虑直接切换商品。比如，"引流款"商品就可以用于主播与直播间消费者进行互动。此外，当直播间互动氛围欠佳、在线人数减少等状况发生时，主播也可以随机插入"引流款"商品重新吸引新用户入场。

③ 打消用户的顾虑

为了打消用户的顾虑，主播可以通过营造商品的不同应用场景，激发用户的购买欲望以及购买之后的愉悦感；主播也可以通过与其他同质产品的对比，强调本产品在产品质量和价格方面的优势；主播还可以通过援引权威专家的观点为产品背书，让用户相信产品质量，提升用户对品牌的信任度和认可度。

④ 与助理密切配合

主播在直播间讲解商品时，要时刻注意保持用户注意力集中，通过与助理的配合，把控直播间节奏，不断吸引用户注意，并向用户种草引导用户下单。对于直播间出现的"黑粉"，助理要注意及时管理，以免影响直播间气氛。

⑤ 与用户互动

主播可以通过多种方式与用户互动，具体如表 13-1 所示。

表 13-1　主播与用户互动的方式

互动方式	具体内容
向用户提问	直播与其他销售方式的主要不同就在于能够即时互动，向用户提问可以让主播了解用户对商品的顾虑，并据此及时调整销售话术
与同质商品比较	比如主播可以挑选其他同款商品，以淘宝店铺、实体店铺以及其他主播推荐的商品价格作为参考，体现商品的物美价廉
推出粉丝专享优惠	针对粉丝的专享优惠，能够满足粉丝想要获得特殊优待的心理需求，并促使更多用户关注主播成为粉丝
限时限量秒杀	对于一些库存有限的商品，主播可以进行限时限量秒杀，给用户带来紧迫感和稀缺感，通过无形压力促使用户消费
推出定制赠品	主播可以定制有自己专属印记的纪念商品，赠送给购买某一商品的用户，类似于纪念商品，如印有专属图案的抱枕、手机壳等
邀请好友获得专属福利	新主播刚开播时可能人气不高，这时就可以通过邀请好友赠送优惠券、发放红包等福利吸引直播间的用户邀请朋友参与直播，从而增加直播间人气

03 合作模式：主播合作的 3 种模式

（1）专场模式

专场模式指的是一种在特定时段对特定的产品或品牌专门进行介绍的直播模式，在这种直播模式下，合作费用通常以时薪为单位进行计算，每小时的收费大多在几千元到几十万元之间。为了获取更多利益，商家进行专场模式的直播时通常会选择用户人群与自身高度重合的主播展开合作。

具体来说，专场模式的直播主要能够为商家带来以下几项好处：

- 获得主播的用户流量支持，并借助较高的用户黏性来提高转化率；
- 在专业主播的支持下获得更高的收益；
- 获得来自平台的流量扶持。

在专场模式下，商家与主播进行合作时需要先向主播提供品牌、店铺和产品相关的各项信息资料，方便主播了解和掌握直播中需要用到的各项信息，以防在直播过程中出现信息错漏等问题。专场模式的直播需要耗费大量资金和精力，因此对中小商家来说，这种直播合作模式成本过高，并不是直播合作的最优选。

（2）"链接费/服务费+佣金"的模式

"链接费/服务费+佣金"的模式就是平台根据品牌的实际情况为其分派相应的主播进行合作，为品牌提供分发推广和视频制作等服务，这个过程中产生的费用为链接费/服务费，这项费用在总费用中的占比通常在10%～30%，除此之外，产品销售后也会产生佣金费用。在"链接费/服务费+佣金"的直播合作模式下，合作费用通常以链接为单位，每个链接的收费通常在100元到300元之间，且平台的参与能够在一定程度上保障主播的收益。

（3）纯佣模式

纯佣模式指的是商家根据销售额或利润按比例向主播支付佣金的直播合作模式。在纯佣模式下，主播通过带货所获得的佣金比例通常在销售额的30%到50%之间，当带货产品的利润较高时，主播能够通过直播带货获取大量佣金，但为了节约成本，商家也可以选择与佣金价格较低的新手主播合作。

纯佣模式的主播对商家的要求较高，例如，在淘宝平台中，纯佣模式的主播只与拥有评分不低于4.6且产品销量较高的淘宝店铺进行合作，由此可见，普通商家使用纯佣模式进行直播合作并不是一件容易的事。

综上所述，对规模较大的商家来说，专场模式是一种较为合适的直播合作模式；对中小商家来说，则需要从自身实际情况出发在"链接费/服务费+佣金"的模式和纯佣模式中选出更适合自己的直播合作模式。

04 主播筛选：选择合适的带货主播

（1）商家如何甄别主播

① 账号类型

商家在选择主播进行合作时应先了解主播的账号定位，判断其账号定位是否与自身需求相符。具体来说，商家需要采集账号类型和粉丝人群等信息，并分析账号类型与自身所处领域之间的匹配度，对比账号粉丝人群与自身产品的用户人群之间的重合度。

以美妆产品为例，当面对一个美妆博主和一个其他领域的博主可选择时，商家通常会选择与美妆博主进行合作，即便美妆博主的粉丝量少于其他领域的博主。

② 榜单数据

商家在选择主播进行合作时应先通过婵小红、蒲公英、新红数据、千瓜数据等数据监测工具中的榜单来查看主播的粉丝数、近期涨粉数量、视频平均播放量、视频平均点赞量、视频平均评论量等数据，并根据这些数据来分析博主账号的整体运营情况，同时也需要利用星图和快接单等后台来了解主播的合作报价。

③ 表现能力

商家在选择主播进行合作时应先考察主播的表现能力。表现能力强的主播通常也具有更强的营销能力和产品认知能力，因此在介绍产品时能够吸引更多用户并激发用户的购买欲。

④ 评论

商家在选择主播进行合作时应先对账号发布的笔记中的评论进行考察。机器刷出来的评论大多具有评论内容同质化、评论时间节点集中等特点，因此商家可以根据评论内容、评论时间和主播回复等情况来判断笔记中的评论是否存在造假问题，同时也可以直接对博主的笔记进行评论，根据主播的回复情况来分析其粉丝活跃度，进而判断其粉丝的真实性。

（2）主播如何筛选商家

① 店铺动态评分

大多电商平台都会设有卖家服务评级系统（DSR），经营状况良好的店铺在DSR中的好评率、信誉点和产品评价通常显示为橙红状态，因此主播可以据此来选择合作对象。就目前来看，天猫店铺在动态评分上整体优于淘宝店铺，且对主播来说有更高的保障，因此大部分主播都选择与天猫店铺合作。

② 产品评价

主播在与商家展开合作之前需要先了解消费者对合作产品的评价，并根据实际评价来判断产品质量的好坏。

③ 配合程度

主播在选择合作商家时应先考虑双方合作时的配合程度。在直播带货的过程中，如果主播与商家之间的配合出现问题，如店铺客服回复不及时、回复信息有误等，那么直播为店铺带来的流量将难以得到充分利用，直播带货的效果也会大打折扣。

05 对接流程：商家与主播的合作链路

商家和主播的合作链路大致可分为合作前期、合作中期和合作后期三部分，具体对接流程如图 13-6 所示。

图 13-6　商家与主播的合作对接流程

（1）合作前期

在合作前期，商家和主播主要需要完成以下几项工作：

① 商家洽谈主播

从实际操作方面来看，商家要先通过平台直播间寻找合作主播，再点击直播间中的主播头像，向主播发送私信，并在私信中写明合作意向以及具体联系方式，最后等待主播的联系，并在互相联系后对合作细节进行商讨。

② 商家确定主播和合作模式

在洽谈主播环节，商家可能会面临双方意见不和的情况，因此需要再调整策略，寻找其他主播，最后找出一个最符合自身实际情况的主播，并制定出对双方都有利的合作方案。

③ 主播审核产品

在与商家展开合作之前,主播要先对商家和产品进行考察,分析此次合作能否为自己带来较为可观的收益和良好的口碑。

④ 主播确认合作产品

主播在与商家建立合作时要了解商家当前的各项产品,并从中选出一款或几款代表性强、对用户吸引力大的产品作为合作产品。

⑤ 主播整理直播脚本

在确定合作产品后,主播应深入阅读商家提供的产品资料,全方位了解合作产品,并从产品定位等方面出发与商家共同撰写和优化直播脚本,通过直播来提高产品对观众的吸引力,以便获得较好的直播带货效果。

(2)合作中期

在合作中期,商家主要需要完成以下几项工作:

① 商家确认主播的档期

一般来说,许多主播都与多家品牌之间存在合作关系,直播时间的安排十分紧凑,当商家与主播洽谈合作时可能会出现主播没有档期的情况,因此商家需要先确认主播的档期再推进后续直播相关工作。

② 商家提前向主播寄送样品

为了避免用户因无法在直播间看到真实产品而放弃购买,商家应提前寄出样品,以便主播在直播带货时进行产品展示。

③ 商家提前建立佣金链接

在直播开始之前,商家应完成建立和发送佣金链接的工作,以便主播在直播后及时确认和领取佣金。

④ 商家辅助主播了解产品和撰写直播脚本

为了让直播能够带来更好的产品营销效果,商家要在选定合作产品后及时整理产品相关资料并将其交给主播,以便主播了解产品相关信息,还要与主播共同撰写和优化包含产品特点等内容的直播脚本,为主播在直播中全方位展示产品和及时回答观众的问题提供支持。

(3)合作后期

在合作后期,商家和主播主要需要完成以下几项工作:

① 主播研究样品

在收到样品后,主播要对样品进行研究和试用,并从自身的试用感受出发来对直播脚本进行优化。

② 主播开播

在到约定开播时间时,主播要按时开始直播,并在直播过程中完成既定的带货任务。

③ 商家和主播完成播后反馈工作

直播结束后,主播需要总结分析自身在直播过程中出现的问题,明确下次直播需要重点介绍的产品信息,并向商家进行反馈;商家需要与主播一起总结观众提出的问题,并根据这些问题和主播反馈的内容对下次直播的脚本进行优化调整。

④ 商家统计直播数据

在直播结束 7 天之后,商家应广泛采集和分析每日直播用户观看量、直播带来的订单数量等各项直播相关数据,并根据数据分析结果优化直播运营策略,以便在下一次直播时取得更好的直播带货效果。

第 14 章
直播策划：直播带货前期的准备工作

01 团队配置：构建高效的直播团队

（1）初期阶段的直播团队配置

对于初涉直播领域的新人来说，出于成本、流量规模、直播收益等方面的考虑，直播团队的结构不必过于复杂，成员配置只需要凑齐主播、副播和助播三位核心成员即可。

① 主播

主播是整场直播的主持人员和主要出镜人员，同时也是主播终端的执行负责人。主播的具体工作包括准备直播需要的所有物料，敲定直播可能涉及的各种细节等，确保直播内容顺利输出。

② 副播

副播要辅助主播做好直播前的准备，在直播过程中配合主播完成产品讲解、展示等，此外，还需要在主播换试衣服、中途离开等空档期及时补位，代替主播继续直播。

③ 助播

助播一般是不出境的，其职责主要有：协助完成直播前的准备工作，管理直播间弹幕，留意直播间评论或问题，提醒主播回答；控制好直播间节奏，提醒主播时间；配合主播完成相关推荐商品的上架、下架及优惠券发放等工作。

（2）成熟阶段的直播团队配置

随着直播关注度上升、直播业务拓展，团队就需要及时扩充人数，完善团队架构。当粉丝量和直播间流量达到一定规模时，可以采用分组的直播团队组织形式。通常，可以把直播团队分为直播、运营、场控三个小组，每个小组有不同的职责分工,如图 14-1 所示。

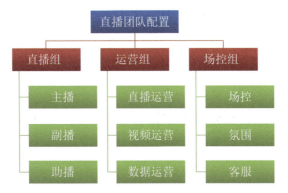

图 14-1　成熟阶段的直播团队配置

① 直播组

该组是整场直播活动的主要担当,人员构成依然是主播、副播及助播,主播是主要的内容输出者,副播配合主播的话术或动作,助播则管理产品上下架等。

② 运营组

该组承担了主要的直播准备工作,分工主要有直播运营、视频运营和数据运营等,直播运营负责排品布品、规划直播脚本;视频运营负责直播视频拍摄、视频剪辑与发布等工作;数据运营负责对重要直播数据进行实时监测并提出改善建议,例如如果直播观看人数、关注率持续下降,则要考虑更新直播内容。

③ 场控组

该组的职责可以细分为场控、氛围与客服,场控主要负责控制直播间的评论节奏;氛围则负责活跃直播间氛围,例如配合主播营造促单氛围、带动抽奖或问答等环节的氛围等;客服主要负责维护粉丝群、处理售后问题等。

(3) 直播团队建设的 5 大要点

直播团队的建设与管理需要一定技巧,良好的团队建设有助于保障直播效果,支撑、维系团队成员高效合作,促进团队整体成长。从各大头部直播团队的运营情况看,我们可以总结出团队建设的 5 大要点,如图 14-2 所示。

① 明确团队目标

直播运营团队如果想要取得较好的直播成绩,首先要有明确的、统一的目标,这一目标应该与企业战略目标保持一致。有了目标后,才能确定团队成员各自的"发力点",从而共同推进目标实现。

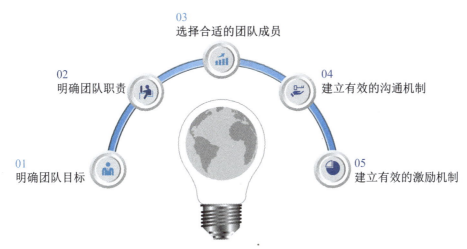

图 14-2　直播团队建设的 5 大要点

② 明确团队职责

团队目标明确以后，就要明确各个团队成员的职责和具体任务，促进成员间的协同配合，使业务向着团队目标不断推进。

③ 选择合适的团队成员

一般来说，团队成员需要具备数据分析、直播运营、脚本设计等方面的专业技能。同时，基于直播快节奏的工作性质，团队成员应该具备较强的沟通能力、高效的执行力和及时处理突发问题的反应能力。此外，是否有正确的价值观、团队协作精神等也是重要的衡量标准。

④ 建立有效的沟通机制

有效沟通贯穿于直播活动的各个方面，从直播策划、直播运营，到联系品牌方、客服售后等，高效而顺畅的沟通是直播取得良好效果的保障，因此需要建立有效的沟通机制，为团队成员掌握活动进程和问题的及时解决提供支撑。

⑤ 建立有效的激励机制

激励机制是发挥团队创造性、提升团队成员积极性的重要驱动力，合理的激励机制有助于提高团队的整体效率，促使直播活动取得较好效果。激励的形式是多样的，可以是物质奖励、精神奖励等，也可以将其融入绩效考核制度中。

02 场景搭建：直播间布置 6 大要素

直播间场景是吸引用户注意力并促使其继续观看直播的重要因素，用户看到呈现了直播场景的推荐页面后，有可能点击进入，也有可能忽略不看；用户进入直播间后，如果直播场景没有足够的吸引力，那么用户有可能选择退出。因此，搭建高质量的直播间场景，是做好直播运营的重要步骤。

（1）直播间的三大功能区

直播间场景可以有多种类型：按照拍摄视野，可以分为真人全身直播、半身直播或手播（即只有手部出现在画面中）；按照所处环境，可以分为室内直播或室外直播，根据一些特定的场景需求，甚至可以以绿幕作为直播间背景，通过添加特效营造个性化的直播间氛围。

无论直播的拍摄场景是怎样的，在向观众呈现的直播间界面中，一般包含主推区、商品区和道具区三个分区，各区域功能如表14-1所示。有经验的直播团队会通过场景陈设展现出鲜明的主题，使用户第一眼就识别出直播间主要在卖什么。

表 14-1 直播间的 3 大功能区

直播间区域	主要功能
主推区	该区域重点呈现的是主播、副播形象及其推荐商品
商品区	该区域一般会陈列货架或商品堆头，这样可以使观众看到主播推荐外的其他商品，有助于延长用户在直播间的停留时间，同时可以给用户一种专业、可靠的心理暗示
道具区	该区域主要展示活动规则、活动公告、福利发放情况或关于信任背书的其他内容。如果直播间设备比较简陋，可以直接粘贴宣传海报或记录有相关信息的A4纸；如果是绿幕直播间，可以将相关信息制作为数字贴纸（通常由美工等运营人员完成）展示在直播背景上

（2）场景搭建的六个要素

直播间场景的搭建离不开六大要素，分别为场地、背景、音乐、灯光、设备、环境，如图14-3所示。

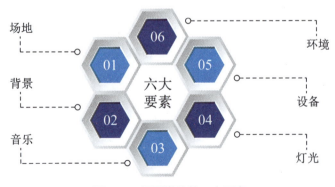

图 14-3 场景搭建的 6 个要素

① 场地

就个人主播来说，直播场地并不需要太大，一般在 8～15 平方米即可；如果直播团队人数较多，则直播场地可以扩展到 20～40 平方米。不同的产品品类有不同的直播场地需求，例如服饰类直播间需要展示全身着装效果，因此要有较大的场地面积和景深。

选择场地时，还需要关注场地的回声情况和隔音情况，过大的回声和来自场地外的杂音都会影响直播效果。因此，可以通过在直播间四周加装隔音棉等方式来解决此类问题，同时要注意场地上方是否可能传来干扰直播的声音，如果可能，也需要进行处理。

② 背景

从灯光、氛围的角度考虑，直播间背景以浅色、纯色背景为佳，明亮、简洁、大方的背景风格有利于提升视觉观感及舒适度。例如，许多主播选择将灰色作为主色调，它不仅容易衬托灯光效果，还非常百搭，在某些条件下可以营造出一种沉稳、高级的氛围，并能够与其他颜色较好地适配与融合，当直播间更换商品、品类时，不易出现为违和感。

③ 音乐

在直播过程中，可以搭配一些背景音乐来烘托氛围，在选择音乐时需要注意选择符合直播间氛围、节奏和流程的音乐。例如活泼欢快的音乐可以有效带动直播间节奏；背景音的音量不宜过大，过大的音量可能会喧宾夺主，影响主播介绍商品；避免使用可能带来版权风险的音乐，可以使用那些平台自有版权或可商用、版权开放的音乐。另外，在下单、中奖时插入一些特殊音效，也可以较好地渲染直播间氛围。

④ 灯光

在灯光配置上，通常可以使用顶光灯、侧光灯、环形灯、轮廓灯进行搭配以达到需要的灯光效果，如表 14-2 所示。

表 14-2 灯光配置的 4 种类型

灯光配置	效果说明
顶光灯	顶光灯是增加整个直播间明亮度的主要光源，当顶光灯足够明亮时，直播间的整体灯光才有较好的效果
侧光灯	来自顶光灯的光线容易使主播面部存在阴影，因此通常以侧光灯作为补充光源改善主播面部的阴影问题

续表

灯光配置	效果说明
环形灯	环形灯可以为直播提供基础光源，大多是与直播支架连为一体的
轮廓灯	轮廓灯的运用比较灵活，除了能够烘托直播间氛围，还可以为人物轮廓进行补光，修饰主播面部，使直播画面更有层次感

同时，要根据直播品类特征来选择灯光冷暖色调。例如，在彩妆护肤品、服装鞋帽等品类的直播间，选择冷色系的白光可以提升商品的展示效果；在家居、美食类直播间，选择暖色调的黄光可以营造温馨的家居环境，增加用户的舒适感，更好地衬托食物色泽。

⑤ 设备

直播间的常用设备主要包括摄像设备（如手机、摄像机、数码相机等）、麦克风、电脑及各类辅助工具（例如计算器、秒表、小黑板、展板）等。在美妆类直播间中，可以将不同场合、肤色适合的产品型号写在小黑板上，配合主播的介绍进行展示；在服装类直播间中，可以用常用尺码表向观众说明产品的尺码信息。

⑥ 环境

环境要素除了受到场地、背景、音乐、灯光的影响，主播或运营团队还要注重对整体环境的塑造，例如直播场地应该保持干净整洁，物品应该摆放整齐，同时通过调整各种物件的摆放位置来提升直播间场景的质感和整体画面的和谐度。

03 脚本策划：梳理直播流程的步骤

对于新人主播来说，在直播之前拟定一份条理清晰、逻辑严密的直播脚本是很有必要的。设计脚本的过程，实际上是整理思路的过程，由此可以明确哪些是需要重点介绍的内容，哪些可以作为直播互动的问题点，等等。脚本可以辅助强化主播对直播间氛围、直播节奏的把控。以下将从脚本类型、脚本分工等方面进行简要介绍。

如果按照脚本的功能板块划分，可以将其分为活动脚本、商品脚本、营销话术脚本、关注话术脚本、控评话术脚本等。从受众规模来看，脚本又可以分为单品脚本和整场脚本，单品脚本常出现于带货直播中，整场脚本则可能涉及更宽泛的内容。

（1）单品脚本

我们可以用表格形式来体现单品脚本的整体框架，如表14-3所示。在表格中，从开场、单品带货到结束，脚本对各个环节的时长、内容做出了明确规划，比较重要的品牌介绍、产品卖点、引导转化等流程步骤也有清晰的体现。这样，任何团队成员都可以及时跟进直播进程，顺利对接直播工作。

表 14-3　单品脚本的整体框架

直播板块	时间	环节	内容
开场	12:00—12:05	开场预热	直播内容及主题介绍
	12:05—12:10	政策解读+直播内容宣贯	政策解读+直播内容宣贯
单品带货	12:10—12:25	场景话题点+引出产品	除产品特性、应用场景外,全方位展示产品的外观,并介绍产品的基本信息(含原料、产地等)
	12:25—12:30	政策解读+直播内容宣贯	政策解读+直播内容宣贯
	12:30—12:35	促单话术	促单话术传递,重点引导粉丝留资(留下个人资料)
	12:35—13:40	直播抽奖一	公布第一轮抽奖口令
	12:40—13:00	产品卖点详细介绍	直播试用,展示具体的产品细节,产品的材质、大小、手感等(多用形容词和对比,介绍详细一些),将产品卖点和特点渗透进去
	13:00—13:05	政策解读+直播内容宣贯	政策解读+直播内容宣贯
	13:05—13:10	促单话术	促单话术传递,重点引导粉丝留资
	13:10—13:25	产品卖点二	介绍一下保养、清洁的方法
	13:25—13:30	政策解读+直播内容宣贯	政策解读+直播内容宣贯
	13:30—13:35	促单话术	促单话术传递,重点引导粉丝留资
	13:35—13:40	直播抽奖二	公布第二轮抽奖口令
	13:40—14:00	分享延展知识	介绍一些简单小知识
	14:00—14:05	政策解读+直播内容宣贯	政策解读+直播内容宣贯
	14:05—14:10	促单话术	促单话术传递,重点引导粉丝留资
	14:10—14:20	互动答疑	根据粉丝的评论互动,解答疑问,同时提醒领取福利
	14:20—14:25	政策解读+直播内容宣贯	政策解读+直播内容宣贯
	14:25—14:30	促单话术	集中大力度促单
	14:30—14:35	大福利抽奖	大福利抽奖
结束	14:55—15:00	结束	结束语+活动预告

单品脚本主要包括以下几方面内容：

① 产品的基本信息

在直播预热阶段，可以根据产品链接页面的内容向用户介绍产品的基本信息，包括原料、产地、应用场景、外在特点等，同时从各个角度展示产品外观。

② 产品的详细信息

向用户介绍更多的产品细节，包括产品的材质、重量、手感、使用体验等，可以与其他产品进行比较，突出该产品的优势和卖点。

③ 产品的保养或维护

除了消耗型产品的大部分产品（如服装、家电等），都可以就其清洁、维护或保养方法进行介绍，这一环节可以凸显主播的专业性。

④ 与产品、品牌相关的知识拓展

例如生产工艺是否环保、美容护肤品中某种成分的功效等。

⑤ 互动、促单及福利提醒

与粉丝互动，回答粉丝提问，再次介绍产品折扣、商家福利、优惠券等内容，尽可能促成用户转化。

（2）整场脚本

顾名思义，整场脚本即涵盖了整场直播的脚本内容，它的侧重点在于对直播流程进行整体安排，包括对活动玩法设计、互动逻辑编写及整体节奏的把控等。在整场脚本中，通常需要包含以下内容：

① 脚本大纲（整场示例）

脚本大纲是对活动的时间规划、内容板块、玩法逻辑和商品排布等内容的概括，能够直观地展示出活动的大体流程情况。脚本大纲设计示例如表 14-4 所示。

表 14-4　脚本大纲设计示例

直播环节	节奏	时长	核心玩法	商品特点
开场	暖场	5～15 分钟	抽奖发福利	/
正式售卖	售卖初期	1 小时	抽奖、福袋娱乐	主推低价引流款
	售卖高潮期	1 小时	高娱乐性、互动性的活动（抽大奖、砍价）	1. 高性价比，价格优势突出的商品 2. 大众化有潜力的爆款商品 3. 客单价高低结合
	售卖结尾期	1 小时	秒杀、免单活动活跃直播间氛围，拉高下单率	客单价由高转低，可以做爆款返场
结束	收尾	15 分钟	送礼感谢粉丝支持	/

② 直播主题

直播主题即直播活动是围绕什么展开的，希望达到怎样的目的，具体目的可以是带货、新品促销、回馈粉丝或吸引流量等。只有先明确直播主题，主播才能按照一定的直播节奏，将脚本内容进行转化输出。通过主播表述的内容，用户可以了解到这场直播中能看到什么，是否含有自己想看的内容，从而锁定并持续关注该直播间。主播在引入直播主题时，可以利用近期热点或营销噱头打造直播话题。

③ 直播节奏

确定直播主题后，就可以根据预设的直播节奏完善脚本话术。掌握合适的节奏对于直播来说是非常重要的，正如演出戏剧或进行电影剧本编排时，要把控节奏使观众的情绪逐渐带入，才能取得较好的演出效果。同理，把控好直播节奏，梳理好直播动线，是直播脚本的重要任务。直播脚本节奏梳理示例如表 14-5 所示。

表 14-5　直播脚本节奏梳理示例

直播节奏	脚本内容
直播开启	主播进入直播状态，与最先进入直播间的粉丝打招呼，提醒粉丝签到
第 1～5 分钟	采用近景拍摄，主播与粉丝互动的同时推荐本场直播的 1～2 个爆款商品，互动方式可以选择打卡、签到或抽奖，可多次强调周期内的开播时间，等待更多粉丝进入直播间
第 5～10 分钟	初步介绍该次直播主推的产品或新款产品，抛砖引玉
第 10～20 分钟	简要介绍该次直播的所有产品（即进行"剧透"），可以着重推荐有潜力的爆款商品，但将总时长把握在 10 分钟以内，副播或助理要跟上主播节奏，一一同步展示提到的商品。该环节暂且不看粉丝评论，由主播把控直播氛围
开播半小时后	正式进入产品推荐环节，主播可以有侧重地对每个产品进行详细介绍，侧重点取决于"剧透"时来自粉丝的需求反馈。每个产品的介绍时长大约 5 分钟，直播脚本可以参考上文的单品脚本
直播中	场控需要根据每个产品的点击率、转化率和在线人数等数据信息，引导主播有针对性地介绍、输出或调整话术
距直播结束 1 小时	针对呼声较高的产品进行返场介绍
距直播结束 10 分钟	主播"剧透"下次直播的产品，其中穿插副播或助理对今日商品问题的答疑、回复
最后 1 分钟	再次提醒用户关注主播、关注直播间，告知用户下次直播的开播时间与直播福利等内容

（3）直播分工

在直播脚本中，需要明确主播、副播、助播或其他运营人员的主要任务，并对出镜人员的话术、动作、行为等进行指导。直播任务分工说明如表14-6所示。

表14-6 直播任务分工说明

直播团队	任务分工
主播	进行产品介绍、解释活动规则、引导观众参与互动、控制直播节奏等
副播（或助播）	配合主播进行商品展示、补充说明产品信息、回答粉丝疑问等
后台运营人员	负责产品的上架、下架、提供相关订单服务、修改产品价格等

（4）直播福利预算

在脚本中，可以对直播的福利预算进行限定，并说明直播的福利政策，设计合理的福利发放力度和频次。具体包括优惠券、折扣券、代金券的领取方式、面值、数量等，抽奖活动需要制定明确的抽奖规则。

04 选品攻略：直播选品的实战技巧

优秀的选品策略不仅能吸引用户进入直播间、延长用户停留时间，还能有效提高直播间下单转化率。下面我们对小红书直播带货的选品策略与技巧进行简单分析。

（1）选品类型

① 引流款

所谓引流款，即主要用于吸引流量的商品类型，主播可以将引流款作为直播开播前期的流量突破口。低价是引流款商品的主要特征，其价格往往大幅低于市场价，甚至低于成本价。引流款通常出现在打造直播号的初始阶段，能够有效拉动流量增长。主播选择的引流款产品应该具有受众广泛、采购成本较低、市场价值较高等特点。

② 福利款

福利款可以作为流量款商品的补充，有利于在引流款投放后承接流量，继续拉动下单数据、互动数据的增长。在制定福利款价格时，需要注意的是，定价不能与引流款差距太大，如果差距较大，可能造成后续转款的时候直播间流量陡然下滑。一般来说，福利款宜选择那些热度较高、价格虽然不低但性价比高的商品。

③ 利润款

顾名思义，利润款的投放是以盈利为目的的，直播间通过投放正价商品来拉动交易指标和利润的增长。利润款商品的销售价格点位与成本价相比可以上浮10%以上，但利润款的选取并不是越贵越好，而是要选择那些极有可能成为爆款的商品，持续拉动成交额（GMV，Gross Merchandise Volume）和访问量（Unique Visitors，独立访客）的增长。

（2）选品技巧

带货直播产业的竞争与发展，使用户形成了一种普遍性认知——直播间的商品一般带有优惠折扣，即使优惠后的价格并未真正降低。因此，想要维持直播间人气、使各项数据指标持续增长，就要在产品选择方面下功夫，具体选品技巧如图 14-4 所示。

图 14-4　直播选品的技巧

① 选择高性价比产品

高性价比产品是促进直播间流量增长、转化率提升的不二选择，此类产品通常具有以下特征，如表 14-7 所示。

表 14-7　高性价比产品的主要特征

序号	主要特征
1	在产品呈现方面可操作空间大。即在直播间中有更好的呈现效果，例如同等价格质量更好、数量更多、体积更大的商品
2	有价格锚定，且容易凸显价格优势。例如通过全网比价后，用户发现在该直播间的相同产品价格更低
3	有较大的利润空间和降价空间，从而有助于凸显直播间在优惠力度方面的优势，从而有效刺激用户转化

② 选择潜力爆款产品

直播团队选品排品的策略也会对直播间的销售额产生重要影响。在直播间中，那些点击量高的商品即是具有爆款潜力的产品，它能够直观反映观众的喜好。运营团队需要将客单价、销售额、点击率等数据指标作为下次直播选品决策的依据，同时也可以从三方数据平台筛选出近期成交量较高的商品。

③ 选择实用性强的产品

实用性强的产品通常有较大的受众群体规模，从而为直播间泛流量承接、精准流量增长与转化提供条件。在直播间上线初期，平台缺乏精准定位目标受众的数据基础，因此会进行泛流量推荐，当一部分流量成功实现转化后，平台会据此将直播间推荐给更多的具有类似潜在需求的用户，从而进一步促进转化。

④ 易展示、品相好、复购率高

- 易展示：在有限的展示成本内，观众能够快速、直观、充分地了解到商品价值，是促进转化的积极影响因素。

- 品相好：即产品色泽、形状等外观属性能够吸引用户注意力，激发用户的消费欲望。在选品时，可以选择那些具有视觉冲击力的、符合大部分用户审美水平的产品。

- 复购率高：实际上，每场直播带货所吸引的粉丝量是相对稳定的，缓慢积累新粉丝是直播间流量增长的常态。因此，复购率就成为衡量直播间收益和粉丝活跃度的重要指标。

第 15 章
运营攻略：提升粉丝留存率与转化率

01 宣传预热：获取流量的 3 种方法

直播前的预热是提升直播间人气、提高直播流量的重要环节，一些主播的直播间无人问津，很大程度是因为没有做好直播预热工作。以下将对部分直播预热的方法或技巧进行介绍，为读者提供参考。直播预热不仅限于直播开始后的预热话术，实际上，在直播开始前就可以通过多种途径进行宣传。以下将对文案预热、短视频预热、站外预热三种预热途径进行介绍，如图 15-1 所示。

图 15-1　宣传预热的 3 种途径

（1）文案预热

文案预热即通过文字来传达直播信息，相关文案撰写可以从以下角度考虑，如图 15-2 所示。

① 传递直播价值

从用户角度看，直播除了具有娱乐价值，还有实际的信息（情报）价值，即通过直播可以了解到哪些产品值得购买，是否能够获得优惠或折扣等。因此，在进行文案预热宣传时，可以将直播的价值体现在文案中，例如直播主题、涉及品牌或领域等，使用户充分了解该场直播的价值，判断是否与自己的需求匹配。

图 15-2 文案预热的实战技巧

② 抛出直播福利

在直播中,一般设有向粉丝发放福利的环节,例如买一赠一、直播抽奖、下单返现等,这些具有吸引力的福利活动都可以体现在预热文案中,吸引更多用户及时关注直播间动态,并参与互动。

③ 留有直播悬念

单场直播的时间往往不低于1小时,在篇幅有限的预热文案中,可以以设置悬念的方式进行预热推广。例如"明天直播,将告诉大家一个夏天塑形的方法!"或采用"填空题"的形式,为粉丝预留想象空间,例如"全网全面细致的_____清单,明天直播间告诉你!"

④ 打造直播场景

主播可以在预热文案中加入与直播主题、推广产品有关的场景描述,例如"夏日海边甜美穿搭""适合晚上看追剧吃的小零食""回家见父母的送礼优选"等,通过美好生活的价值引导,激发用户的好奇心。

(2)短视频预热

短视频是近年兴起的最受关注的内容媒介之一,具有表现形式活泼、信息承载量大、令人印象深刻等特点,通过短视频进行直播预热,可以有效激活粉丝的关注度,促进直播账号拉新,为用户变现提供条件。

① 视频文案技巧

视频预热与文案预热相比,其优势在于画面生动、灵活,较文字更有"看点"。因此,视频文案需要与视频画面、剧情内容配合,如图15-3所示。

图 15-3 视频文案技巧

例如在品牌宣传类视频中，可以邀请名人、明星为品牌背书，或通过个性化的文字描述来丰富视频，但不宜直接引用品牌硬广或标语，这样显得没有诚意且可能被小红书平台限流。又如为带货直播进行视频预热时，可以通过短剧演绎、讲述幽默段子等方式把低价、优惠等直播间信息传达给用户，激发用户的购买欲。

② 差异化投放策略

基于不同用户群体多元化的浏览行为，品牌或主播在投放预热推广视频时，需要结合投放时段、视频素材、主题内容等要素制定差异化投放策略。

如果要进行为期一周的长线拉网式直播带货，可以用纯短视频素材进行预热推广，从而吸引更多的用户流量。这一方法适合粉丝基数较小的品牌或直播间，通过高质量的短视频素材，吸引并沉淀一定量的忠实用户。

如果直播周期在3天左右，则可以兼用短视频和直播素材的方式进行引流，这一方法适合已经有了相当粉丝量积累的品牌或直播间，通过较大的宣传力度快速激活原有粉丝，并通过忠实用户的分享实现拉新，促进用户转化。

对于有着高粉丝量，且用户有固定的开播认知的直播间来说，可以在直播当天利用直播素材进行引流，同时搭配薯条推广的方法，提醒粉丝及时关注、参与。

（3）站外预热

预热信息的发布不必局限于小红书平台，还可以在微信群、抖音、微淘等平台进行宣传预热，例如在微信群和朋友圈里分享小红书名片或直播间预告信息。博主或直播团队也可以充分利用私域流量进行站外引流，通过在固定时间直播来培养用户观看直播的习惯。

随着直播间人气的增长，小红书的推荐算法将使直播间获得更高的曝光度，促进公域流量增长。同时，预热信息发布平台的评论区也是有效的预告场所，主播可以在回复用户关于直播的提问时引导用户关注、参与直播间活动。

熟练掌握直播预热技巧是主播和直播运营团队提升其业务能力的必然要求，有效的直播预热可以吸引一批基础粉丝的关注，基础粉丝量越大，直播间的关注度越高，拉新能力也就越强，宣传效果就越好，再结合适当的直播策略，可以顺利实现带货直播的转化。

02 直播互动：增强粉丝黏性的技巧

不少入行已有一段时间的主播都会面临一个共同的问题：即使本身已经具备一定的才艺，在直播开始之前也做了比较充分的准备，但直播的效果仍然不太理想。

实际上，出现这种问题的原因大致可以归纳为以下几点：第一，主播虽然具有才艺，但无法通过才艺与用户进行有效互动；第二，主播没有积累足够的直播话术，导致整个直播过程的衔接不够流畅；第三，与其他主播相比，主播的直播风格缺乏特色，直播间的玩法不够生动有趣。这些原因都有可能使得直播间的粉丝量和热度不尽如人意。那么，主播在直播带货时，应该如何与用户互动、增强粉丝黏性呢？我们可以采取以下几种技巧，如图15-4所示。

图 15-4　增强粉丝黏性的技巧

(1) 巧用专业直播话术

专业的直播话术能够帮助主播更有效地与用户互动,并达到良好的互动效果。在直播的任何环节,主播都可以灵活运用专业直播话术引导用户,比如,在直播开场时,使用专业的留人话术;在与用户互动时,利用用户感兴趣的话题等提升互动率。而主播要利用好直播话术,就必须通过学习优秀主播的经验等方式积累专业直播话术,并在此基础上根据直播需要形成一套具备个人风格的直播话术。

(2) 适时发放用户福利

主播要想具有出色的带货实力,必须熟悉相关直播平台,并了解平台的各种玩法。此外,主播也可以向其他优秀的主播学习,借鉴他们的直播技巧。比如,为了便于主播与用户互动、增强用户的注意力,直播平台往往支持主播向用户发放福利,因此,主播就可以在熟悉平台此项功能的基础上,在直播流程中通过向用户发放红包、福袋等多种形式的福利,提升用户的互动积极性。

(3) 增强粉丝互动频率

一名优秀的带货主播除了需要具备良好的选品能力,能够全面了解并向用户准确传达相关产品的优缺点;还应该具备较强的人格魅力,能够积极与用户互动,增强粉丝对主播的喜爱度和忠诚度。实际上,在各优秀主播的直播间,都能够看到一批忠实用户,他们不仅会积极关注主播的动态、主动分享直播活动;还会在直播间频繁与主播互动,并自发维护直播间的秩序。

比如,有的用户在成为主播的忠实粉丝后,通常对主播具有较强的信任,因此在直播间除了积极评论外,还可能分享个人的生活动态,如情感方面的困惑、工作中的压力等。对于与商品相关的评论,主播应该积极回复;对于个人生活的分享,主播也可以通过与粉丝连线等方式,给予正确的引导。

(4) 利用连麦 PK 吸引用户

在同一直播平台上,不同主播的受众可能具有一定程度的差异。因此,主播可以适时通过连麦 PK 等方法活跃直播间的气氛。连麦 PK 作为主播间互动的一种玩法,不仅能够帮助主播提升知名度,收获更多新用户,也能够带动直播间气氛,并促进主播的成长。

需要注意的是,在连麦 PK 前,主播必须做好充分的准备工作。大到需要表演的才艺、小到衣着打扮等都不能忽略，从而保证给用户留下深刻印象，在连麦PK中脱颖而出。

（5）丰富直播互动玩法

要调动直播间的气氛、延长用户的留存时间、增强粉丝的忠诚度，主播必须重视与用户之间的互动。但受制于直播类型、个人才艺等方面的限制，很多主播不知道如何采取有效的方式与用户互动、拉近与用户之间的距离。除了展示才艺、提出问题等常见方式外，主播也可以灵活应用话题讨论、游戏互动等方式增强与用户之间的互动。

比如，针对生活中或社交网络上的热点话题，主播可以设置话题投票，为用户提供抒发己见的平台，了解不同用户对于该话题的观点；再比如，主播可以在熟悉领域内与用户进行游戏互动，通过"听音乐猜歌名"等游戏调动直播间的气氛。不过，需要注意的是，无论采取何种互动方式，主播都应该始终对直播间进行把控，确保用户不受到不良因素的影响。

03 抽奖引流：有效提升粉丝参与感

为了获取更多流量，并进一步提高转化率，商家在进行直播时可以借助在各个节奏点设置抽奖的方式来提高观众的积极性和参与度，吸引用户长时间留在直播间。

（1）抽奖活动的类型

直播过程中的抽奖活动主要可分为无门槛抽奖和有门槛抽奖两种类型，如图15-5所示，商家可以根据自身实际情况来进行选择。

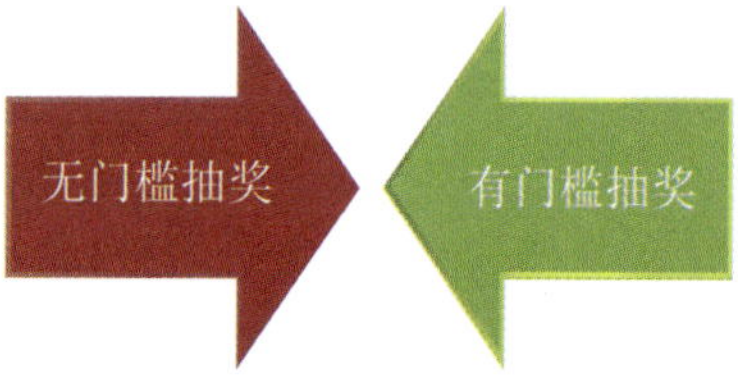

图15-5 抽奖活动的两种类型

① 无门槛抽奖

无门槛抽奖指的是所有进入直播间且关注主播的用户都可以免费进行抽奖，中奖者可免费获得商家提前准备好的奖品。一般来说，一些刚进入直播电商领域的商家通常会利用无门槛抽奖的方式来快速吸引大量观众，提高直播间人气，进而在减少广告成本支出的同时达到提高产品曝光度的目的。

② 有门槛抽奖

有门槛抽奖指的是只有达到商家提前设置的人气值、点赞量、发送指定文案并截屏、直播间分享、下单产品等门槛条件的用户才能参与的抽奖活动。商家可以利用有门槛抽奖的方式来拉高用户的期待值,提高用户在直播间内的停留时长,并借助发送指定文案并截屏的条件来提高直播间的人气,同时也可以借助直播间分享的门槛条件来获取大量新的观众,借助下单产品的门槛条件来吸引用户下单,降低用户购买的决策时长。

(2)奖品如何设置

奖品对用户的吸引力与奖品的价值、商家在抽奖活动中投入的成本之间呈正相关,因此商家在设置抽奖策略时需要最大限度地放大抽奖活动对用户的吸引力,具体技巧如图 15-6 所示。

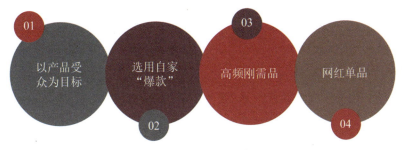

图 15-6 奖品设置技巧

① 以产品受众为目标

商家需要从产品的受众出发选择抽奖活动所使用的奖品。商家在选择奖品之前,应明确目标用户群体,了解目标用户的兴趣偏好和实际需求等信息,并据此找出对用户吸引力较强的商品作为奖品,以便获取更多新用户,同时也可以借助一些高价值奖品来吸引用户。与此同时,商家还可以设置"关注直播间""分享直播间"等抽奖门槛,以扩大直播宣传范围。

② 选用自家"爆款"

一般来说,试图以转发直播间和下单产品等方式来获取抽奖资格进行抽奖的用户大多是对商家的产品具有一定认同感的用户,因此商家可以选择将自家具有高附加值的"爆款"产品作为抽奖活动的奖品,这既能够提高抽奖活动对用户的吸引力,增加活动成功的可能性,也能够减少在奖品采购方面的成本支出。

③ 高频刚需品

在选择抽奖活动的奖品时,商家可以从人们的日常生活需求出发,将纸巾、鸡蛋、电话充值卡等具有易消耗、高频使用等特点的刚需品作为奖品。

④ 网红单品

一般来说，新款 iPhone、戴森吹风机等热度较高的网红单品通常自带流量，对用户有着较强的吸引力，因此商家可以选择将这些网红单品作为抽奖活动的奖品，这既能提高直播间的话题热度，吸引更多用户关注，为直播间带来更高的热度，也能有效提高抽奖活动的曝光度，刺激更多用户参与到抽奖活动当中。

04 促单转化：销售成交的 5 个步骤

直播电商就是通过直播来进行营销的电商，能够以直播的方式重构"人、货、场"三要素，具有数字化程度高、互动性强和转化率高等特点，是数字化时代电商营销的主要形式之一。

商家可以在直播过程中与观众进行实时互动，并通过直播互动来提高用户触达效率，优化用户触达效果，从而激发观众的消费需求，加快观众的消费决策速度。不仅如此，直播间中通常会设置抽奖和优惠券等商品优惠活动，因此以直播的方式进行营销的商品大多具有性价比高的特点，能够有效刺激消费。除此之外，在"限量""首发"等商品标签和主播专业化的安利下，消费者很容易快速转化，达成购买，进而达到提高商品销量的营销效果。

为了有效提高直播间转化率，促进流量变现，商家在与博主合作进行直播时可以使用促单转化的销售技巧，步骤如图 15-7 所示。

图 15-7　销售成交的 5 个步骤

步骤1：提出痛点，引出需求

品牌或商家在进行直播销售时需要先明确用户痛点。在实际操作中，品牌或商家可以充分发挥反向思维的作用，根据自身直播销售的产品来划分目标用户群体，并找出这个群体的特点和痛点，以便提高直播销售的针对性。

步骤2：放大痛点，引发关注

品牌或商家在直播间中销售产品时需要在明确用户痛点的基础上进一步深入挖掘和分析各个痛点，通过分析来提高用户对该痛点的重视程度。以祛痘产品为例，品牌或商家需要在直播时向观众阐明祛痘的重要性和必要性，基于事实分析不祛痘的危害，引起观众对祛痘问题的重视。

步骤3：利他思维，提炼卖点

完成对用户痛点的分析后，品牌或商家还需针对自身提出的痛点为用户提供相应的解决方案，并在充分利用利他思维的前提下将产品卖点自然地融入解决方案当中，获取用户的信任，同时向用户讲解产品的使用效果和好处，激发用户的购买欲。

步骤4：增加高度，提升价值

当用户出现较强的购买心理时，品牌或商家可以进一步向用户展示产品价值，在直播间中对产品的价值进行升华，并向用户展示产品在包装、品牌等其他方面的卖点。这一环节对主播的要求较高，节奏把控能力不足的主播在这一环节不仅无法有效强化用户的购买欲，还可能会引发用户反感，因此对部分主播来说，可以直接省略这一步骤。

步骤5：降低门槛，临门一脚

在直播间中，品牌或商家需要突出展示产品的性价比，告知用户产品的优惠力度，并通过与产品原价进行对比的方式来打消用户在产品价格方面的顾虑，同时还可以设置限时限量抢购，增强用户在直播间中抢购产品时的紧张感，进而达到刺激用户快速下单的目的。

第16章
直播复盘：数据总结与优化实战攻略

01 实战流程：直播复盘的5个步骤

在直播结束后，品牌或商家以及主播都需要完成直播复盘工作，对直播活动进行全方位分析，挖掘并总结直播中出现的亮点和存在的问题，以便有针对性地对直播销售活动进行优化。

直播复盘是一项有助于提高直播质量和优化直播效果的工作，对直播具有重要意义，同时也具有系统化和复杂化的特点。

（1）直播复盘的作用

直播过程中的每个环节和细节都直接影响着直播效果，因此品牌或商家以及主播都应在直播结束后进行直播复盘。直播复盘的作用主要体现在以下3个方面，如图16-1所示。

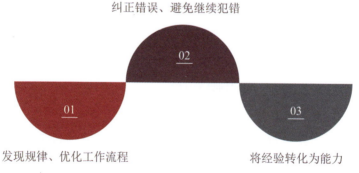

图16-1 直播复盘的作用

① 发现规律、优化工作流程

在直播销售过程中，品牌或商家通常会使用一些技巧来获取更好的直播效果。直播复盘有助于品牌或商家深入了解自身特点，从而探索出与自身特点和实际情况最相符的直播方式和直播技巧,进一步优化直播间的工作流程。

② 纠正错误、避免继续犯错

直播复盘有助于品牌或商家以及主播发现直播中存在的问题。品牌或商家以及主播可以通过直播复盘找出并总结记录直播中出现的各项问题,防止在下一次直播时出现同样的问题,从而达到不断优化直播效果的目的。

③ 将经验转化为能力

品牌或商家以及主播可以通过直播复盘来掌握直播中存在的问题和各项直播数据,并据此设置新的直播目标,确保下一次直播能够获得更好的直播效果,一般来说,直播目标应包括数据优化水平、必要措施、改进方法等内容。对于部分缺乏历史直播数据的新直播间来说,品牌或商家以及主播需要广泛采集和分析同行业的直播数据信息,并在此基础上根据自身实际情况制定直播目标。

(2)直播复盘的流程

直播复盘的具体流程大致包括以下 5 个步骤,如图 16-2 所示。

图 16-2 直播复盘流程的 5 个步骤

步骤 1:收集直播数据

品牌或商家以及主播在进行直播复盘时需要先收集直播的观众人数、观看时长、弹幕数量和礼物数量等数据信息,并通过这些数据来了解用户反馈,衡量直播效果,以便进一步对直播进行分析和总结。

步骤 2:回顾直播内容

在完成直播数据收集工作后,品牌或商家以及主播还需观看直播录像,对直播过程中的主播讲解情况、主播互动情况、用户反馈和用户提问等进行总结,挖掘并记录直播中的亮点。

步骤3：分析直播数据

在完成收集直播数据和回顾直播内容两项工作后，品牌或商家以及主播还需要根据直播平台和直播内容选取相应的数据指标，并借助数据分析工具对这些直播数据进行深入分析，充分确保数据分析的有效性。

步骤4：总结亮点和问题

在完成数据分析工作后，品牌或商家以及主播应全方位总结直播过程中出现的亮点和不足，抓住备受观众欢迎且能够有效提升直播效果的亮点并突出展示到下一次直播当中，同时也要针对直播的不足之处对直播方案进行优化调整，防止以后的直播中再次出现此类问题。

步骤5：提出改进措施

品牌或商家以及主播在发现直播中存在的问题后需要针对这些问题制定具体且可落地执行的解决方案。一般来说，解决方案中需要包含待优化的内容以及互动和优化方式、直播时间、直播频率等。品牌或商家以及主播在落实解决方案时还需充分考虑直播整体效果和用户观看体验。

02 团队复盘：运营团队的优化要点

良好的团队配合是取得好的直播效果的基本保障，因此直播销售团队在进行直播复盘时需要认识到团队复盘的重要性，全面了解整个直播过程中所有工作人员的工作执行情况、缺席补位情况、突发事件处理情况和预案执行情况。

（1）直播团队运营的常见问题

具体来说，在直播过程中，工作人员主要负责场控、主播、副播和中控等工作；在直播结束后，工作人员还应完成直播复盘工作。

① 场控

负责场控的工作人员需要实时观看直播，并对直播中的所有事件进行细致入微的观察，同时重点关注产品上架情况、产品要点归纳情况和直播目标达成情况，及时预判和防范直播间中可能会出现的突发状况，在观众数量较少时通过指挥直播间以加大引流、上福利和互动等方式来提高观众留存数量，确保直播的高效性和稳定性，并在直播结束后组织复盘。

② 主播

主播是在直播间中直接与观众交流、互动以及展示产品的工作人员，大多具有颜值高、身材和外貌与产品特点相符、语言表达能力强、应变能力强、状态调整速度快、总结归纳能力强和抗压能力强等特点。一般来说，在开始直播之前，主播需要完成选品、归纳产品卖点、确定产品展示方式、策划直播方案等工作；在直播过程中，主播既要向观众输出自身对产品的看法等信息，全面展示产品卖点，激发观众的购买欲，刺激观众快速下单，也要有效承接直播间中暴涨的流量，并把控直播节奏，以合适的方式应对来自"黑粉"的"攻击"，同时积极与观众进行互动，及时为观众答疑解惑。

③ 副播

副播是在直播间中为主播提供辅助的工作人员，大多以主播较为亲密的朋友的身份出现，通常具有机警灵敏、配合度高、营造气氛能力强、制造话题能力强、熟悉直播流程等特点。一般来说，当主播开始直播时，副播需要根据直播的流程安排和主播的实际直播情况适时完成烘托气氛、制造话题、展示产品、介绍规则、发放优惠券、解答观众提问、向主播传递道具等工作，确保直播能够顺利进行，并提升直播效果。

④ 中控

中控是在后台负责上架产品、下架产品、修改产品库存、调整产品价格、配合主播催单、发放优惠券、实时记录直播数据、实时记录直播问题等任务的工作人员。

（2）直播复盘的注意事项

直播团队在复盘的过程中，需要注意以下事项，如图16-3所示。

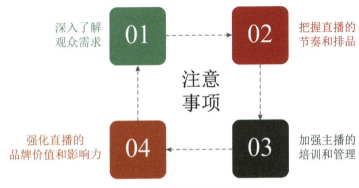

图16-3 直播复盘的注意事项

① 深入了解观众需求

直播需要围绕用户需求展开，因此品牌或商家以及运营团队在进行直播复盘时应深入分析来自直播间观众的反馈和提问，从中挖掘用户需求，并以用户需求为中心对直播内容和互动方式进行优化调整，以便将直播间打造成质量和效果俱佳的优质直播间。

② 把握直播的节奏和排品

直播时间、直播频率、节目选择、节目安排等因素能够直接影响观众观看直播时的体验，因此品牌或商家以及运营团队在进行直播复盘时应对这些内容进行精准评估，并根据评估结果进行适当的优化调整，为主播精准把握直播节奏和合理安排直播排品提供支持，以便充分确保直播的流畅性和精彩程度。

③ 加强主播的培训和管理

主播的水平能够直接影响直播效果和直播质量，因此品牌或商家以及运营团队在进行直播复盘时需要从直播的实际情况出发对主播进行专业的培训和管理，提高主播的业务能力，确保主播能够灵活运用各类直播技巧和互动手段为直播效果服务，从而达到提高直播的流畅性和趣味性的目的。

④ 强化直播的品牌价值和影响力

直播是提高品牌价值和品牌影响力的有效方法，因此品牌和运营团队在进行直播复盘时应充分认识到品牌价值和品牌影响力的重要性，利用直播建立良好的品牌形象，并在直播中进行品牌宣传，进一步提高直播的影响力和竞争力。

03 数据复盘：直播运营的核心数据

直播电商是一个准入门槛很低的行业，但如果想要做好它，无论是开播前的准备工作，还是开播后的数据复盘，都需要投入不少的精力。尤其是复盘环节，关系到所积累的直播经验能否在后续直播中实现有效转化。

在进行直播数据分析复盘时，需要关注直播流量、用户转化率和成交量三个方面。如果复盘时发现直播的流量很低，就需要制定合适的引流方案；如果转化率不够高，那就要看直播产品是否符合选品逻辑；而如果总体成交量较低，则需要评估直播间节奏、氛围、环节设置等是否存在问题。

同时，要对上一场直播中涉及的各项数据进行整合分析，查看相关指标是否符合预期，哪些动作提升了产品的转化和成交率，是什么原因促成了这些提升，又有哪些内容是需要在后续直播中改善的,对这些问题进行详尽分析,才能达到数据复盘的目的。

(1) 流量基础数据

流量基础数据,主要由直播间的观看用户量、新增粉丝量、评论人数和付费人数等几部分构成,这些数据为新粉转化率、评论互动率提供了支撑,两者的具体含义如表16-1所示。

表16-1 新粉转化率与评论互动率

数据指标	含义	公式
新粉转化率	新增的粉丝人数在观看总人数中的占比	新粉转化率=新增粉丝数/直播间观看总人数
评论互动率	评论互动率是直播间互动情况的有效指标。互动率越高,说明直播间的氛围越好	直播评论互动率=评论人数/直播间观看总人数

(2) 流量来源数据

倘若一次直播中的流量数据超过预期,但新粉转化率却较低,可能意味着流量来源不够精确。小红书直播间流量主要来源于发现页、关注页、本地页三大入口,直播平台一般是在发现页和关注页推荐引流视频以增加自然搜索流量,如果引流视频的标签不准确,就会导致推荐视频与用户需求不匹配,这不利于用户存留。直播间是否获得了精确流量,可以通过观众的平均停留时长、评论互动率等数据进行评估。

(3) 直播电商数据

直播带货中,下面这些直播数据是需要重点关注的,如表16-2所示。

表16-2 直播电商数据

数据指标	含义
商品展示次数	直播中展示商品给用户的总次数,其中包含用户在购物车查看商品的次数和直播间推送商品弹窗的次数
商品点击次数	直播间用户真实点击直播商品、进入产品详情页的总次数。当商品展示次数和点击次数差距过大时,可能意味着直播商品存在价格吸引力不足、商品可选款式比较匮乏等问题
店铺访问次数	直播引流用户访问店铺的总次数。直播间的用户在观看直播时,可以点击主播头像进入主播的个人主页,在主页中找到店铺入口,并进入店铺浏览、购买商品

（4）直播观看数据

直播观看数据，主要涵盖了直播次数、观看次数、直播时长、用户观看时长等数据指标。通常，直播间的用户平均观看时长等于用户观看总时长与用户观看总次数的比值。而直播间的用户访问停留时间、评论互动率、直播商品的点击情况和转化情况，则会影响到直播间的整体转化率。

04 评估优化：数据分析的提升要点

对直播数据的深入挖掘分析，有助于对直播效果进行评估优化。一般来说，数据背后需要重点关注的提升要点有以下方面，如图 16-4 所示。

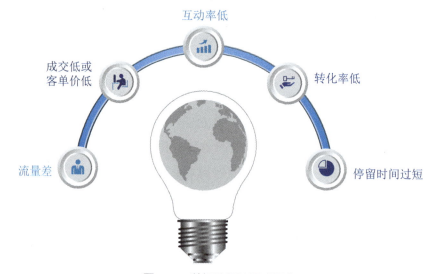

图 16-4 数据分析的提升要点

（1）流量差

直播间流量差的原因可能有：公域流量中的流量占比过低、私域流量过少，或平台推荐信未能精确匹配到需求用户等。而加大引流力度是增加流量的重要手段。引流流量主要由免费私域流量和付费流量构成，另外主播的 IP 流量、站外流量也是有效的流量来源。奠定流量基础后，还需要通过话术、IP 设定、直播间场景和产品等要素承接、引导，实现流量转化。

（2）成交低或者客单价低

成交量或客单价过低通常反映出用户对主播缺乏信任，正如商户之于顾客，主播与用户间的信任也是一个积累的过程。因此，主播应该确保直播间的上线频率，稳定的直播频率可以逐渐提升用户对主播的信任。在直播初期，能够达成的成交量和客单价通常较低，而随着用户信任度的提升，成交单价和成交频次也会随之提升。

同时需要注意的是，抽奖活动虽然能够有效提升转化率、增加粉丝量，但抽奖次数并不是越多越好。过于频繁的抽奖活动容易使用户形成占便宜的"不良"心理，这不利于直播间转化率提升，可能为后续运营策略调整带来阻碍。

（3）互动率低

互动率低可能是因为主播营造氛围、掌控节奏的能力不足，或直播活动的知识性、娱乐性不强，无法将用户注意力带入直播场景中。由此可以通过优化活动方案、引入奖励机制等方式进行改善。

（4）转化率低

商品转化率低，可以从直播产品与粉丝用户画像的匹配关系方面进行分析。其中，选品类型偏差、产品议价流于形式、引流推荐不匹配、非刚性需求局限、产品卖点定位模糊都有可能造成转化率低。

（5）停留时间过短

直播间用户的停留时间短，也会带来较低的完播率。造成这一问题有多方面的原因，例如主播直播节奏过慢、直播情绪不够热烈、直播内容无聊、竞品头部主播在同一时间段直播等。提升主播在直播中的话术和情绪感染力，加快直播节奏，改善直播间场景布置（使其更符合目标用户群体对推荐品类的想象），这些方法都有助于提升直播间的吸引力。

Part 5
广告投放篇

第 17 章
薯条推广：笔记精准曝光的投放指南

01 基础操作：薯条推广的功能介绍

小红书中的"薯条推广"服务可以按照用户设置的推广方式将笔记置于目标用户群体的发现页当中，提高笔记的曝光量，由此可见，"薯条推广"是用户提高自身所发布的笔记在发现页的曝光次数的重要工具。

具体来说，"薯条推广"能够为用户带来以下几项优势，如表 17-1 所示。

表 17-1 "薯条推广"的主要优势

主要优势	具体体现
数据可视化	用户可以通过投放薯条进行数据洞察，提高内容创作的可视化程度
增加笔记曝光	用户可以通过投放薯条将笔记展示给更多用户
增加互动数据	用户可以通过投放薯条来撬动自然流量，提高笔记的点击率、粉丝增长数以及粉丝转化率

对于小红书达人、MCN 或品牌商而言，如果已经可以确定某篇笔记需要投放"薯条"，那么我们首先需要对"薯条推广"的投放功能有一个比较完整的了解。

（1）推广目标

"薯条推广"针对不同客户群体提供多元化的投放目标选择，以满足不同客户的推广诉求，具体如图 17-1 所示。

- 笔记阅读量。该选择的目标用户群体，是那些乐于点击浏览笔记的人，这一群体可能仅仅是对笔记内容进行浏览，互动数据欠佳。
- 粉丝关注量。该选择的目标用户群体，是那些经常关注账号的人群，可以用于账号受喜爱程度的测试，高关注量可以体现出该账号在视觉风格和内容布局上给人的观感较好。

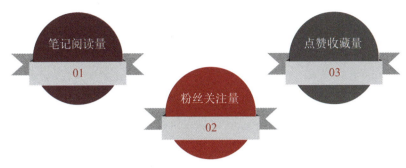

图 17-1 "薯条推广"的投放目标选择

- 点赞收藏量。该选择的目标用户群体,是那些对笔记内容质量要求高、互动性强的人群,这一群体的互动数据可以为笔记成为爆文奠定基础,数据越高说明越有成为爆文的潜力。

(2)推广金额

"薯条推广"金额 75 元人民币 /750 薯币起(1 元人民币 =10 薯币,苹果系统需要额外加 30% 的服务费),新客首单 6 折(即 45 元人民币),自定义金额设置在 750～75000 薯币的区间,系统会按照您的推广方式预估出相应的曝光量,预估值仅供参考。具体如图 17-2 所示。

图 17-2 "薯条推广"金额设置

(3)启动时间

"薯条推广"设置了"启动时间"功能,用户可以根据自身需求选择笔记发布的时间。如果博主不想马上发布笔记内容,可以选择恰当的启动时间,时间到了系统会自动帮你启动。如图 17-3 所示。

图 17-3 "启动时间"设置

（4）推广时长

"薯条推广"支持 6 小时、12 小时和 24 小时的推广时长，如图 17-4 所示。平台默认选中的是 12 小时，如博主的投放金额较高，建议选择 24 小时，能够覆盖全天的平台活跃用户，获得更多优质粉丝人群。

图 17-4 "推广时长"设置

（5）推广人群

小红书薯条推广人群主要包括"智能推荐"和"自定义人群"两种方式，如图 17-5 所示。

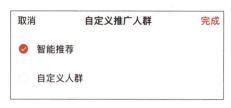

图 17-5 "推广人群"设置

① "智能推荐"投放

薯条可以根据账号所属行业的特点、账号所发布的笔记的内容和标签以及用户的兴趣爱好等信息进行笔记推送，扩大笔记的人群覆盖范围。具体来说，当笔记的标题、封面或文案中存在与美食相关的关键词时，小红书平台将会向兴趣爱好为美食的用户群体推送这条笔记。由此可见，为了充分确保笔记推送的精准度，商家在使用"自定义推广人群"功能进行投放时需要提高笔记中的关键词与用户画像的关联度。

② "自定义人群"投放

商家在使用"自定义人群"功能进行投放时，应先明确目标用户群体的年龄、性别、所在城市和兴趣爱好等特征，并就这些特征和相关标签来以自定义的方式限定推荐群体，以便精准锁定目标用户群体，提高小红书平台笔记推荐的精准度。

02 操作要点：达人投放与数据优化

为了优化推广效果和获取更多品牌合作机会，小红书中的博主需要充分利用薯条推广来提升自身所发布的笔记的曝光度。

（1）达人投放的5个要点

① 选择合适的推广选项

商家需要在充分了解自身所发布的笔记的数据情况和各个推广选项的推广效果且确定自身推广目标的前提下，针对自身的推广需求选择合适的推广选项，如表17-2所示。

表17-2 选择合适的推广选项

推广选项	具体策略
笔记阅读量	当商家的推广需求为提高笔记阅读量时，可以选择相应的推广选项来将笔记推送给倾向于打开笔记进行阅读的用户
点赞收藏量	当商家的推广需求为提高点赞收藏量时，可以选择相应的推广选项来将笔记推送给倾向于收藏笔记和为笔记点赞的用户
粉丝关注量	当商家的推广需求为提高粉丝关注量时，可以选择相应的推广选项来将笔记推送给倾向于关注博主和在笔记中进行互动的用户，帮助商家提高笔记粉丝转化率

② 时长、曝光率相匹配

商家在设置时长和推荐人数时应降低小额订单的推广时长，防止出现单位时间内的流量分配较少和推送精准度低等问题。

③ 选择高流量时段启动

商家在选择启动时间时需要提前了解小红书平台和博主所运营账号的流量最

高的时段,并安排博主将启动时间设置在该时段上。

④ 以智能优选人群为主

商家在选择推广人群时应选择"智能优选人群",以便借助小红书平台以智能化、自动化的方式将笔记推广给相应的用户群体。当笔记中推广的商品对用户群体的性别、年龄和地域等方面有明确定位时,博主也需要精准定位笔记内容,并利用自身的投放经验选择自定义人群。

⑤ 定期筛选扩大优质内容

博主既可以利用薯条来投放合作笔记,也可以将薯条推广应用到历史笔记当中,并针对自身运营账号的实际运营情况和推广预算定期对蒲公英笔记进行筛选,找出一部分数据较好的优质笔记,以便进一步优化账号推广数据,增加品牌合作机会。

(2) 数据优化的 3 个指标

小红书博主在借助投放薯条的方式来优化笔记投放效果时需要关注以下几项数据,如图 17-6 所示。

图 17-6　数据优化的 3 个指标

① 曝光量和阅读量

曝光量就是笔记登上用户的发现页的次数,阅读量指的是点击进入笔记进行阅读的用户数量。当笔记出现曝光量高但阅读量较低的情况时,博主需要检查并调整笔记的标题和封面图,提高标题和封面图对用户的吸引力。

② 阅读量和互动数据

互动数据是衡量笔记在小红书用户群体中受欢迎程度的重要指标,主要包括点赞数、收藏数和评论数三项内容。当笔记的阅读量高但互动量较低时,博主需要进一步丰富笔记的内容,增加一些干货和亮点,提高笔记正文对用户的吸引力。

③ 主页浏览量和关注数

主页浏览量指的是点击进入主页的用户数量，关注数指关注账号的用户数量。当账号的主页浏览量远高于关注数时，博主需要优化主页简介等内容，提高账号主页内容对用户的吸引力，并在笔记的评论区积极与用户进行互动，拉近自身与用户之间的距离，以便吸引更多用户关注。

03 实战攻略：薯条投放的 4 大策略

从品牌方的角度看，利用小红书"薯条推广"的常见投放策略主要有以下四类，如图 17-7 所示。

图 17-7　薯条投放的 4 大策略

（1）笔记测试

用户发布新的笔记以后，平台会根据用户账号情况和所设定的内容标签，将内容推送给符合算法规则的用户群体，使笔记获得一定规模的流量曝光。爆文产生的主要途径就是使笔记进入更大的流量池，被更多的用户查看、点赞、评论、转发，从而得以在更多的用户群体中持续曝光，高曝光量往往也伴随着良好的互动数据。

如果一篇已发布笔记的互动反馈数据表现平庸，解决方案主要有两点：通过归纳整理这篇笔记中的经验教训，在后续笔记创作中进行调整和完善，争取下篇笔记能得到更多的曝光量；另外，博主还可以借助"薯条推广"工具优化完善笔记内容，使笔记质量进一步提升，最终实现期望的曝光流量目标。

由此可见，新发布笔记后，可以通过"薯条推广"工具实时观察用户反馈的流量数据，并以此为依据对笔记内容进行整合完善，也可以通过查看过往笔记数据甄别、筛选那些具有爆文潜质的笔记内容。

（2）快速积累笔记热度

一篇笔记从发布到成为爆文，是一个持续的流量增长过程，受平台竞争环境的影响，这一过程可能需要2~3天。在这个时候，就可以利用"薯条推广"推广工具对曝光度和推荐流量进行干预。结合平台的预定分发规则与"薯条推广"提供的额外流量，笔记可以快速积累起基础热度，从而有效缩短笔记成为爆文的时间。一般来说，"薯条推广"能够在品牌运营、造势的过程中起到良好的辅助作用，使品牌的影响力迅速扩张。

（3）获取更多流量转化

更多的笔记曝光数据，往往会带来更多的评论互动和流量转化，这也有利于品牌的营销规划与运营节奏掌控。

（4）延长笔记周期

小红书上发布的所有笔记都有相对应的生命周期，一篇爆文在这个周期内可以获取到较大规模的流量和曝光，互动反馈数据的表现也会更好，一些笔记的影响力甚至可以持续延伸，实现从站内到站外的破圈。一段时期后，笔记的传播到达了生命周期末端，不再被系统推荐，由此导致曝光度、点击率迅速下降。

"薯条推广"可以辅助笔记实现流量承接，在推荐度下降时进行补位，使笔记再次回到发现页；甚至还可以针对目标人群进行精准投放，从而延续笔记影响力，促进互动数据积累与流量沉淀。

04 优化策略：实现投放价值最大化

通过上述章节的介绍，我们已经掌握了薯条推广对品牌商笔记的营销价值。那么如何投放薯条，才能保证我们的效果最大化呢？既然薯条作用于笔记，那么我们可以从笔记内容的角度展开讨论。

需要注意的是，小红书的薯条投放功能，只能在流量层面给予笔记更大的曝光量，和笔记内容的优劣、用户参与笔记互动评论的积极性等要素不存在关联性。

（1）笔记投放的方法

小红书博主在筛选投放笔记时可以选择将以下几类笔记作为投放薯条推广的重点：

① 三天内或一周内高互动量的笔记

小红书博主对互动数较高的笔记投放薯条推广有助于提高笔记的曝光量、成长速度和正向反馈概率。

② 刚刚发布的笔记

与发布时间较久的笔记相比，将薯条推广投放给新发布的笔记能够获得更好的自然分发效果，获得更多曝光量，与此同时，小红书博主也可以通过"薯条推广"的订单数据来实时监测笔记的曝光量和阅读量，并根据笔记的各项数据及时对标题和封面图进行优化调整，以便最大限度地优化投放效果。

③ 成长中的笔记

小红书博主为处于成长中的笔记投放薯条能够有效提高笔记的曝光量，同时让笔记在自然分发和薯条推广的支持下得到更多正向反馈，从而推动笔记快速进入下一个流量池。

（2）笔记的封面与标题

想要让笔记在海量的竞品中崭露头角并得到较高的关注度和点击率，首先要求笔记的封面图足够吸引人，一张好的封面图能够在第一时间抓住用户的目光，驱使用户点击查看；其次，标题承担了表达笔记意图、主旨、主题的重要功能。封面和标题都是进行薯条投放时需要重点关注的要素。一篇内容不错的笔记内容，如果封面和标题无法激发用户点击、阅读欲望，也成不了爆文。

成功吸引用户点击进入笔记，就实现了薯条投放的基本目的。至于具体的笔记封面图和标题内容该如何表达、展示与规划，需要根据行业特性、笔记内容、博主或 IP 风格来确定。

尽管爆款笔记的封面图和标题展示各有特色，但仍有共通之处，即封面图和标题的首要目标是让用户知道能够从笔记中获取到何种信息，以及这篇笔记的独特之处。通过长时间的经验积累，不断改进、完善标题和封面的规划方案，从而打磨出适合自身风格的笔记作品。

需要注意的是，重点关注封面图和标题，并不是说一切只为吸引关注和点击而服务，图文不符、"标题党"等内容，也不利于笔记展示数据的提升。

（3）笔记的发布时间

首先，投放时间要选在流量高峰期，避免深夜投放，如果是中午开始投放，可以选择 12：00，如果是晚间投放，可以选择 18：00 集中投放。

其次，发布时间太长、内容过时的笔记，不推荐进行薯条投放，这是因为历史的笔记内容不一定与当前形势下的用户心理预期匹配，同时缺乏系统的推荐流量，可能导致互动反馈效果不佳。

当然，这也不是绝对的，某些属性的笔记内容也存在再次"引爆"的可能。如果有利用过往爆文笔记助推运营推广活动的需求，可以保存原爆文笔记的封面和标题，对部分内容进行删改后重新发布，运气好的话，也有重新成为爆文的可能。

第 18 章
信息流广告：操作步骤与实战攻略

01 聚光平台：广告功能与核心优势

聚光平台是小红书营销的一站式广告投放平台，能够结合各种业务场景为用户提供产品种草、抢占赛道、商品销量、客资收集、直播推广等多种营销服务，同时还能够以标准化产品单元（Standard Product Unit，SPU）为基本单位进行定向和投放营销，充分确保定向的精准度和投放的智能化，帮助用户制定出科学、有效、一体化的营销方案，以便用户高效落实产品营销工作，聚光平台官方网站如图 18-1 所示。

图 18-1　聚光平台官方网站

从本质上看，聚光平台是品牌和商家投放效果广告的专业化平台，具有多样化的广告功能。

（1）聚光平台的广告功能

品牌应根据实际营销需求来设计投放方案，并合理利用聚光平台中的各项功能对营销内容和营销效果进行优化。聚光平台的广告功能如图18-2所示。

图18-2 聚光平台的广告功能

① 产品种草

品牌在使用聚光平台中的产品种草功能时，大多会选择对自然流量较好的笔记进行投放，借助信息流来提升笔记的热度，加快笔记爆火的速度，并加大笔记对目标用户群体的吸引力，驱动目标用户群体购买自身推出的产品或服务。

② 抢占赛道

品牌可以利用聚光平台来提高自身推出的产品或服务在相应赛道或场景中的影响力，以便快速在该赛道中占据更多市场份额。

③ 商品销量

品牌应充分发挥聚光平台在提升产品销量方面的作用，利用发现页和搜索页进行店铺展示，并通过人群包、定向人群等方式提高自身经营的店铺对目标受众群体的吸引力，吸引更多目标受众到自家店铺中购买商品，进而达到提高进店访问量和商品订单量的目的。

④ 客资收集

在教育、旅行等具有成交周期长的特点的领域中，品牌可以以私信组件笔记、落地页组件笔记、落地页等形式来将产品营销笔记投放到发现页和搜索页当中，并通过人群包、定向人群等方式提高笔记对目标受众群体的吸引力，以便获取联系人、电话号码、具体需求等销售线索或借助私信咨询来采集客资。

⑤ 直播推广

品牌需要在聚光平台中借助直播推广的方式来增加直播间的观众数量和人

气。具体来说，一方面，品牌应通过制定和执行科学、合理、有效的投放计划来沉淀优质内容，建立用户心智，获取更多受众；另一方面，品牌应在品牌营销过程中快速抢占行业词和竞品词，以便获取更多曝光，提高人群触达频次和用户转化率。

就目前来看，大部分平台规则和相关政策都是能够为品牌的营销活动提供支持的利好政策，因此品牌只需确保营销操作的规范性就能够实现有效营销。

（2）聚光平台的核心优势

聚光平台主要有以下几项优势，如图18-3所示。

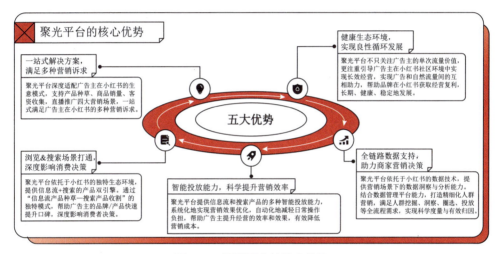

图18-3　聚光平台的核心优势

① 一站式解决方案，满足多种营销诉求

聚光平台能够在产品种草、商品销量、客资收集和直播推广等多种场景中发挥作用，充分满足各个品牌在小红书平台中的营销诉求。

② 浏览&搜索场景打通，深度影响消费决策

聚光平台兼具浏览产品和搜索产品两项功能，能够凭借"信息流产品种草—搜索产品收割"的模式来帮助品牌获取建立良好的口碑，以便品牌利用自身口碑吸引小红书中的用户购买自身产品或服务。

③ 智能投放能力，科学提升营销效率

聚光平台具有智能化的投放功能，能够为品牌获取信息流和搜索产品提供强有力的支持，并系统化帮助品牌优化营销效果，提高营销效率，减少在营销方面的成本支出，同时自动为品牌的日常营销工作减负。

④ 全链路数据支持，助力商家营销决策

聚光平台能够充分发挥小红书的数据技术的作用，在各种营销场景中帮助品牌完成数据洞察和数据分析工作，并利用数据管理平台（Data Management Platform，DMP）提高人群营销的精细化程度，充分满足品牌在整个营销过程中的各项需求，如洞察、圈选、投放和人群挖掘等，进而助力品牌实现科学度量和有效归因。

⑤ 健康生态环境，实现良性循环发展

聚光平台既能够展现出广告主的单次流量价值，也能够支持广告主在小红书平台中进行长效经营，通过广告引流和自然流量的相互作用为品牌在小红书平台中不断获取复利提供支持。

02 精准覆盖：广告投放的 6 大步骤

小红书是一个具有用户群体量大、用户活跃度高等特点的社交电商平台，也是各大品牌进行信息流广告投放的重要营销平台。在小红书平台中，各大品牌均可采用投放信息流广告的方式来提高自身在小红书中的曝光度和影响力。

具体来说，小红书信息流广告投放主要包含确定广告目标和受众、制定广告计划和预算、选择合适的广告形式、优化广告内容和创意、精准投放和数据分析以及合规投放和监管 6 大步骤，如图 18-4 所示。

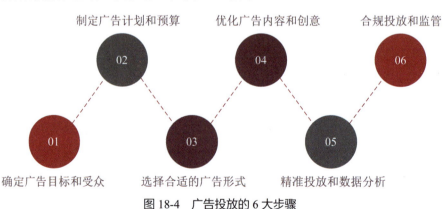

图 18-4　广告投放的 6 大步骤

步骤 1：确定广告目标和受众

确定广告目标和受众是品牌在投放信息流广告时需要完成的第一项工作。一般来说，品牌通常将提升自身知名度或提高产品的销售量作为广告目标，并针对具体的目标和受众群体来进一步确定广告形式，制定投放策略。从实际操作方面来看，品牌可以通过在小红书平台中投放品牌形象广告的方式来达到提升自身知名度的目的，可以通过在小红书平台中投放产品广告的方式来达到提高产品的销售量的目的。

步骤2：制定广告计划和预算

在明确自身的广告目标和受众后，品牌需要先完成广告计划和预算的制定工作才能正式投放信息流广告。在制定广告计划和预算的过程中，品牌应根据广告目标来确定广告的投放时间、投放地域、投放频次、投放方式、投放策略以及广告形式等内容。具体来说，当广告目标是提升自身知名度时，品牌需要在小红书平台中投放长期广告，通过大量的品牌露出提高品牌曝光度；当广告目标是提高产品的销售量时，品牌可以在小红书上投放短期促销广告，激发用户的购买欲。

步骤3：选择合适的广告形式

品牌在投放信息流广告时可以针对自身的广告需求和受众特点来确定投放图文广告、视频广告或音频广告，以便提高广告的浏览量，进而获得更高的用户转化率。具体来说，当品牌将提升自身知名度作为广告目标时，可以利用兼具图片和文字的图文广告来抓住用户的眼球；当品牌将提高产品的销售量作为广告目标时，可以利用视频广告来向小红书中的用户直观地展示产品卖点。

步骤4：优化广告内容和创意

广告内容和创意决定着广告的质量，同时也直接影响着品牌的广告营销效果，因此品牌在进行广告创作时应该在确保广告内容真实合法的前提下把握受众特点，明确广告目标，并在此基础上对广告中的语言、图片、视频等进行优化，提高广告对用户的吸引力。

步骤5：精准投放和数据分析

品牌应广泛采集并深入分析小红书用户的浏览记录、点赞记录等各项与兴趣爱好和行为偏好相关的数据信息，并据此制定信息流广告投放策略，提高广告投放的精准度，从而达到优化广告投放效果的目的，不仅如此，品牌还需动态监测和分析广告投放带来的数据变化，并利用小红书平台提供的数据分析工具获取广告点击率、广告转化率、用户反馈、用户评价等信息，以便根据数据分析结果进一步优化广告内容和广告投放策略，实现对广告效果的持续优化。

步骤 6：合规投放和监管

品牌应在各项相关法律法规和平台规定允许的范围内进行信息流广告投放，并加强对自身广告投放行为的监管，既要防止出现虚假宣传和误导用户等问题，也要注意严格遵守小红书平台的相关规定和政策要求。

综上所述，品牌在小红书平台中进行信息流广告投放时应根据广告的目标和受众来制定和执行广告投放策略，动态优化广告内容和创意，以便获得更多浏览量，同时也有助于提高用户转化率，除此之外，品牌还应注意在法律法规及小红书平台的规定范围内进行广告投放，确保广告投放行为的合法性和合规性。

03 投放流程：广告投放的 5 个流程

从信息流广告的投放流程上来看，一方面，品牌可以先在小红书官网中自主注册和登录专业号，再到小红书官网中的推广中心根据相应的流程上传广告资质，最后再在通过审核的前提下充值设置定向投放；另一方面，品牌可以选择求助于小红书官方小伙伴或代理商，将开通账号和充值投放等任务交给更加专业的小红书官方小伙伴或代理商来完成，如图 18-5 所示。

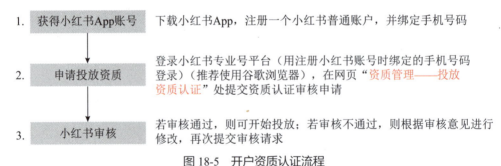

图 18-5 开户资质认证流程

品牌在开通广告账户后还需完成各项相关设置工作，具体来说，主要包括设置账户日预算、新建投放计划、选择投放范围、选择投放笔记和设置人群定向五项工作。

流程 1：设置账户日预算

品牌应先充分了解整个行业的竞争情况，对在其他各个平台中设置的预算进行分析，并结合这两项信息来设置自身在小红书平台中的账户日预算，实现对投放预算的有效控制。现阶段，品牌可以将前期账户日预算设置为 1000 元，后期可以再根据投放情况进行调整，如图 18-6 所示。

图 18-6　后台预算设置

流程 2：新建投放计划

就目前来看，在小红书中，各个品牌大多以品牌知名度投放、品牌意向投放、笔记种草投放、商品销量投放、销售线索收集投放和私信营销投放为主要营销方式，如图 18-7 所示。

图 18-7　投放计划的 6 个推广目的

a. 品牌知名度投放是品牌在前期投放中常用的营销方式，前期投放日预算通常不低于 500 元，这样能够帮助品牌获得更多的笔记曝光；

b. 品牌意向投放能够将笔记推送给在该领域中点击率较高的用户，帮助品牌吸引用户点击进入笔记，是品牌获取更多笔记点击率的有效手段；

c. 笔记种草投放能够精准地将笔记推送给与账户之间存在互动的用户，帮助品牌提高笔记的互动率；

d. 商品销量投放就是直接通过小红书平台投放商品，吸引用户购买商品，实现用户转化；

e. 销售线索投放就是对装修、婚纱、教育等各个领域的常规表单客户的投放；

f. 私信营销投放就是对珠宝、婚纱摄影、服装等各个领域的客户进行私信的投放。

对品牌来说，在利用小红书平台进行投放时应先明确自身当前的投放目的，并根据投放目的制订投放计划。

流程 3：选择投放范围

在完成账户日预算的设置工作和投放计划的制定工作后，品牌可以进一步确定投放范围，并根据自身实际情况投放信息流广告或进行搜索推广，如图 18-8 所示。一般来说，品牌在前期种草阶段通常选择使用投放信息流广告的方式来进行产品推广，在意向用户拦截方面大多选择进行搜索推广。

图 18-8　后台投放时间选定

流程 4：选择投放笔记

品牌需要在自身企业号发布过的众多笔记以及各个达人发布的相关笔记中找出需要投放的笔记，并合理分配广告费用，对这些笔记进行推广。在选择投放笔记阶段，品牌可以陆续增加笔记数量，同时推动多条笔记提高数据水平，并评选出投放效率最高的笔记。品牌在投放针对私信类客户的笔记时，需要使用私信组件在笔记投放中设置立即咨询插件，以便通过私信向客户进行推广，如图 18-9 所示。

图 18-9　投放私信选择

流程 5：设置人群定向

现阶段，小红书中的人群定向只包含性别、年龄、地域、平台和兴趣等少数几项标签。一些体量较大的电商类客户大多具有数据管理平台（Data Management Platform，DMP）人群包资源，能够在前期定向选择 3 种兴趣标签，并在这三种兴趣标签所对应的人群中找出对自身笔记的点击兴趣最高的一类人群，以便选出互动概率更大的人群进行精准投放，如图 18-10 所示。

图 18-10　后台定向人群包选择

除此之外，品牌在进行搜索广告投放时还需添加词包，利用系统推荐的词包或自主输入的品类需求关键词来查找出大量与关键词相关的推荐，并抢占关键词，将其添加到自身投放的广告当中。例如，当搜索"手表"一词时，系统推荐的词包中将会显示出"高点击""同行买词"等推荐理由，为了得到更好的投放效果，品牌可以将这些关键词添加到自身投放的信息流广告中，如图 18-11 所示。

图 18-11　"手表"后台推荐关键词

小红书平台会自动对广大用户投放的笔记进行审核，判断笔记是否符合相关规范，对于符合相关法规和平台要求的笔记，小红书平台将会予以通过，对于存在违规情况的笔记，小红书平台则会不予通过，并给出相应提示。当笔记出现不予通过的情况时，品牌需要根据平台给出的提示对笔记进行修改。对于已经通过审核的笔记，品牌可以在后台查看实时投放数据，并利用这些数据对投放问题进行排查，如图 18-12 所示。

推广计划名称	投放模式	预算	消费	展现量	点击量	点击率	平均点击成本
	常规模式		0	0	0	0.00%	0
	常规模式	100	0	0	0	0.00%	0
	常规模式	300					
	常规模式	50	0				
	常规模式		0	0	0	0.00%	

图 18-12 小红书投放后台数据

04 投放节奏：广告投放的 4 个阶段

一般来说，小红书受自身种草属性影响，在营销投放时需要在节奏上参考京东和阿里巴巴等电商平台的整体投放节奏，且无论是电商客户，还是非电商客户，均需按照蓄水期、冲刺期、爆发期和返场期四个阶段进行安排，如图 18-13 所示。

图 18-13 "双 11"整体投放节奏

（1）蓄水期：素材打磨，提升转化

当营销投放处于蓄水期时，品牌应利用各类信息流素材对产品的卖点进行测试，找出最容易获得大量用户点击的场景和卖点，并利用点击率较高的笔记来进行后期笔记创作。

从投放预算方面来看，品牌通常需要在蓄水期投入 25% 左右的预算用于探索品牌爆文方向和不断对爆文进行复制。从广告投放方面来看，品牌方大多投放薯条和信息流广告，其中，薯条具有测试前期笔记曝光和点击的作用，信息流具有提高笔记热度的作用，在二者的综合作用下，品牌可以有效增加笔记的曝光量。

（2）冲刺期：积累素材，扩大认知

在营销投放的冲刺期，品牌已经积累了大量站内曝光和优质的笔记素材，能够通过继续投放互动量较高的笔记的方式来判断自身在小红书中的投放的笔记对产品销售情况的影响，同时，品牌也需要及时制作好精细化投放产出表。

小红书平台支持用户将站内购买链接添加到笔记当中，因此品牌可以将商品的站内购买链接添加到自身发布的优质笔记当中，并计算出加购成本和每日站内投放产出比等相关数据，根据实际情况合理分配投放比重，将 70% 的投放放在信息流当中，剩余 30% 投放到搜索方面。

不仅如此，品牌还可以综合利用各类关键词来锁定消费者，如利用品牌词和产品词来锁定核心消费者，利用行业词、品类词、功效词和成分词来锁定查询型消费者，利用场景词、人群词和热点词来锁定潜在消费者，如图 18-14 所示。

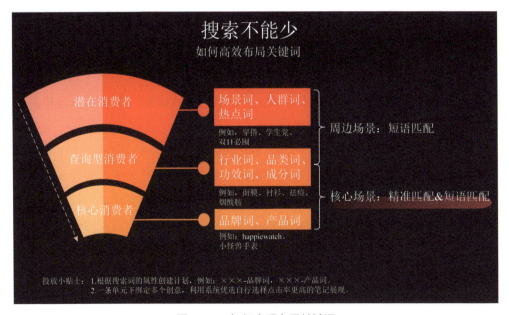

图 18-14　如何合理布局关键词

（3）爆发期：搜索放量，拦截需求

在营销投放的爆发期，品牌需要将信息流投放和搜索投放所占的投放比例调整为各占50%，并利用需求词、品牌词和场景词来拦截用户需求，增加自身在用户中的曝光。

除此之外，品牌也需要充分利用小红书强大的种草能力和拔草能力，通过将小红书商城链接添加到自身发布的爆文中的方式来获取更多站内用户，综合利用品销宝和直通车来拦截站外用户，并精准计算出独立访客成本。

（4）返场期：潜在顾客转化，品牌曝光

在营销投放的返场期，品牌需要促进已拦截的潜在用户快速转化，并适当提高在搜索方面投入的预算，将在搜索和信息流方面的投放维持在各占50%的比例，进一步提高用户需求拦截的精准度。与此同时，品牌也需要充分利用前期爆款文章来进行用户转化，实现长期获利，并在"双十一"投放中针对潜在人群进行曝光，进而达到增加自身曝光量的目的。

05 投放复盘：衡量效果的3项指标

在完成达人投放工作后，品牌需要参考互动指标、销售指标和阶段复盘情况衡量投放效果。

（1）互动指标

在合作达人发布笔记后，品牌可以查看笔记的点击率、互动成本等相关数据，并据此对笔记投放效果进行评估。

具体来说，当笔记的点击率较高，互动成本较低，且笔记的评论区中有用户询问购买方式时，品牌可判断出该笔记的投放效果较好，可加大投放力度，同时品牌也可以精准计算私信成本，在私信成本低于其他平台时继续进行投放；当笔记的点击率较低，但互动成本和私信成本都比较高时，品牌则需及时检查笔记的封面图、封面、正文、评论区互动等内容，有针对性地对笔记进行优化，提高封面对用户的吸引力，增加与用户进行互动的话术，并降低互动成本。

（2）销售指标

转化率能够在一定程度上体现出投放的效果。对非电商类客户来说，投放主

要涉及投放成本、用户转化数量、获得新用户数量等数据,因此商家在进行广告投放时需要及时利用表格对各项数据进行记录,核算私信成本和转化成本等,并根据实际投放情况及时调整投放策略,以便减少亏损;对电商类客户来说,投放主要涉及投放金额、站内加购转化、站外信息等数据,因此商家在进行广告投放时需要掌握电商进店数据情况,并利用漏斗测试来提高投放在各个层面上的转化效率。

(3)阶段复盘

品牌应根据项目情况从声量维度、投资回报率(return on investment,ROI)维度和线索维度等对投放后的变化情况进行复盘,如图18-15所示。

图18-15　阶段复盘的参考维度

① 声量维度:当投放目标为提高品牌声量时,品牌需要在内容摸索期掌握每次点击成本(Cost Per Click,CPC)、点击率(Click Through Rate,CTR)、用户互动计费(Cost Per Engagement,CPE)和爆文率等数据,在声量提升期掌握回搜率、回搜成本、占位情况和曝光比重(Share Of Voice,SOV)等数据。

② ROI维度:当投放目标为提高ROI时,品牌需要在笔记前期测试期掌握CPC、CTR等数据,在中期掌握架构成本、商品访问量等数据,并在转化期掌握成交总额(Gross Merchandise Volume,RGMV)等数据。

③ 线索维度:当投放目标为增加线索新客户数量时,品牌需要在测试期掌握素材测试情况,在心智占领期掌握关注私信数和表单优化成本等数据,并在成本优化期掌握表单成本相关数据。

第 19 章
蒲公英投放：助力博主营销转化变现

01 平台介绍：品牌种草的实战利器

蒲公英平台是小红书官方推出的服务于各个品牌和博主的品牌合作平台，该平台主要包括品牌合作、电商带货和新品试用三个业务板块，能够为博主与品牌间的合作和交易提供支持，让品牌能够通过与博主之间的合作散波产品信息和品牌信息并进行产品营销。蒲公英平台产品全景如图 19-1 所示。

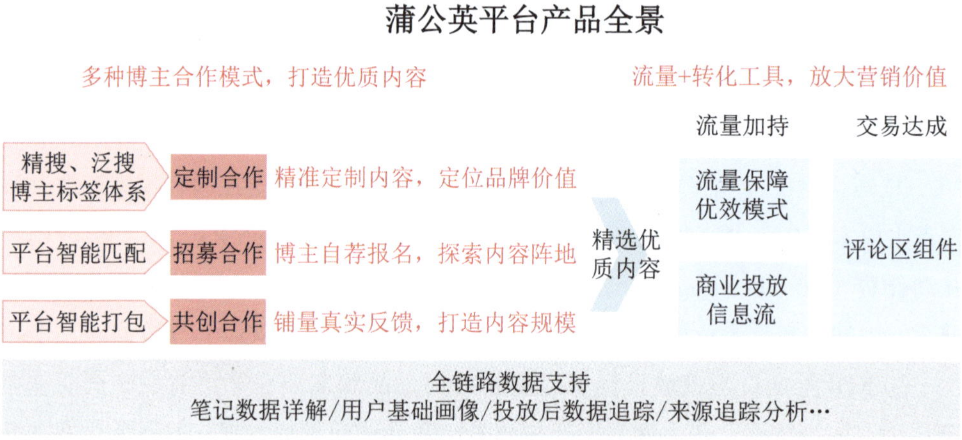

蒲公英平台产品全景

多种博主合作模式，打造优质内容			流量+转化工具，放大营销价值	
			流量加持	交易达成
精搜、泛搜博主标签体系	定制合作	精准定制内容，定位品牌价值	流量保障优效模式	评论区组件
平台智能匹配	招募合作	博主自荐报名，探索内容阵地		
平台智能打包	共创合作	铺量真实反馈，打造内容规模	商业投放信息流	
全链路数据支持				
笔记数据详解/用户基础画像/投放后数据追踪/来源追踪分析…				

图 19-1 蒲公英平台产品全景

（1）核心营销功能

蒲公英平台的核心营销功能主要包括寻找博主、寻找主播、项目招募和好物体验如图 19-2 所示。

① 寻找博主

在蒲公英平台中，商家可以根据自身的需求和预算情况选择已入驻蒲公英平台且成为品牌合作人的博主进行合作。

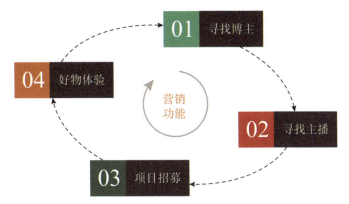

图 19-2 蒲公英平台的核心营销功能

② 寻找主播

在蒲公英平台中,商家可以选择具备小红书直播权限的品牌进行合作。

③ 项目招募

在蒲公英平台中,品牌每个月都有 10 次项目招募机会,可以利用这些招募机会以公开招募或邀请推荐等方式来寻找符合自身实际情况的创作者展开合作。

④ 好物体验

在蒲公英平台中,品牌可以将自身需要进行营销的产品无偿派发给各个小红书用户,并借助这些用户发布的使用体验相关笔记来达到口碑营销的目的。

(2)蒲公英信用等级

蒲公英信用等级是蒲公英平台中的用户信用管理体系。蒲公英平台通常会根据用户在平台中的行为表现将其划分为 Lv0、Lv1、Lv2、Lv3 和 Lv3+ 五个等级,且各个等级具有不同的商业权益,如表 19-1 所示。

表 19-1 蒲公英信用等级

信用等级	相关权益
Lv0	存在严重违规问题的账号的蒲公英等级通常会被评定为 Lv0,这一等级的账号不具备任何权益
Lv1	具有接单权限,可以在品牌发出合作邀请时与品牌展开合作
Lv2	具有接单权限和平台优先推荐的权益
Lv3	具有接单权限以及平台优先推荐和商家笔记数量放开的权益,小红书官方平台会为账号运营提供支持
Lv3+	具有接单权限以及平台优先推荐和商家笔记数量放开的权益,小红书官方平台会给予一定的保障,同时也是小红书官方平台的重点运营对象

对博主来说，可以根据自身的蒲公英等级对账号进行精细化运营，并通过不断提高自身的蒲公英等级来获取更多权益。一般来说，每个月的 1 号蒲公英平台都会更新账号的蒲公英等级，每个月的 25 号蒲公英平台都会向博主推送下个月的信用等级预测信息。

（3）信用等级评估指标

蒲公英平台在评估账号的信用等级时主要参考内容健康度、商业健康度、商业服务力、营销性价比和粉丝影响力五项指标。

a. 内容健康度受博主在小红书平台中的行为的影响，当博主发布的笔记中出现违背小红书社区公约的内容时，该账号的内容健康度将会降低；

b. 商业健康度受博主在小红书平台中的各项合作的影响，当博主所运营的账号出现违规营销、过度接单、软广过多、报备笔记合作过多等问题时，账号的商业健康度将会降低；

c. 商业服务力受博主在商业合作中的表现的影响，当博主在商业合作中的流畅程度提高时，账号的商业服务力也会随之上升；

d. 营销性价比受博主在账号中所发布的笔记的自然流量、用户点击量和用户互动情况等营销效果相关因素的影响，当笔记的营销效果较好时，账号的营销性价比也会比较高；

e. 粉丝影响力受博主在账号中所发布的笔记的粉丝互动情况、粉丝活跃度等粉丝黏性相关因素的影响，当账号的粉丝黏性较高时，账号的粉丝影响力也会比较大。

02 精准匹配：博主营销的 5 大优势

蒲公英平台能够为品牌与博主之间的商业内容合作提供支持，确保品牌和博主之间的合作的安全性和高效性，提高博主营销的价值。

（1）海量优质博主

蒲公英平台中集合了大量拥有不同粉丝量和来自不同领域的小红书博主，这些博主能够以笔记的形式向小红书用户输出优质内容，为用户种草优质产品，帮助用户进行消费决策，如图 19-3 所示。

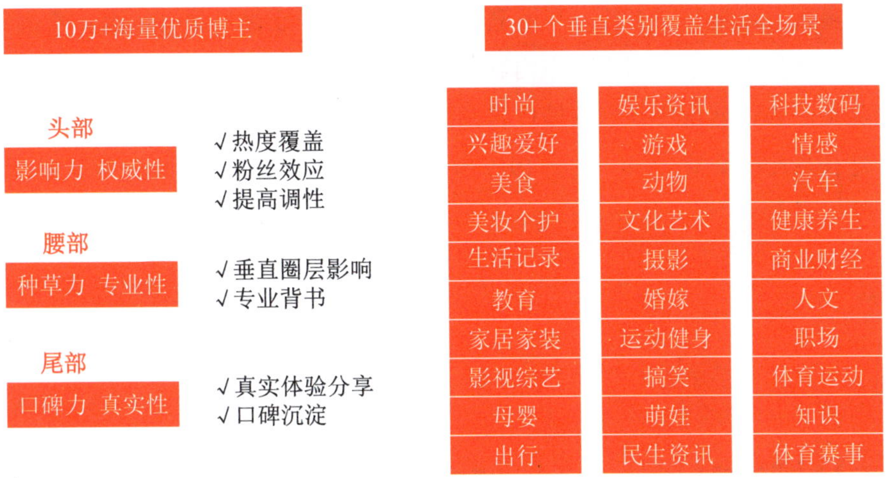

10万+海量优质博主
头部
影响力 权威性
√热度覆盖
√粉丝效应
√提高调性
腰部
种草力 专业性
√垂直圈层影响
√专业背书
尾部
口碑力 真实性
√真实体验分享
√口碑沉淀
30+个垂直类别覆盖生活全场景
时尚
兴趣爱好
美食
美妆个护
生活记录
教育
家居家装
影视综艺
母婴
出行
娱乐资讯
游戏
动物
文化艺术
摄影
婚嫁
运动健身
搞笑
萌娃
民生资讯
科技数码
情感
汽车
健康养生
商业财经
人文
职场
体育运动
知识
体育赛事

图 19-3　海量优质博主

（2）匹配效率提升

蒲公英平台有定向匹配体系和智能匹配体系，能够为品牌精准高效地选出合适的博主提供帮助。具体来说，定向匹配体系中有大量标签，如“内容类目”“博主人设”“内容特征”“新锐博主”等，品牌可以根据这些标签来提高博主匹配的精准度，同时也可以借助平台中的“笔记关键词搜索”功能高效找出曾发布过涉及相关内容的笔记的博主；智能匹配体系中有“相似博主”拓展和“个性化推荐”等功能，也能够为品牌高效匹配博主提供支持，如图 19-4 所示。

定向匹配
智能匹配
标签筛选
按笔记关键词搜索
小红书特色标签体系刻画达人
通过笔记内容找达人
相似博主
结合博主数据，推荐与之粉丝相似和内容相似的博主
个性化推荐
结合蒲公英匹配数据，面向B端用户提供个性化的“排序结果”

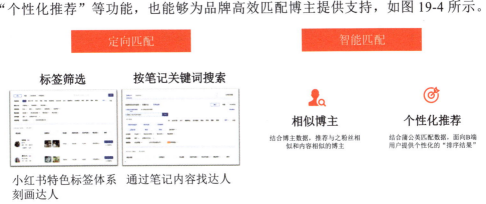

图 19-4　匹配效率提升

（3）流量确定性 & 破圈拉新

品牌在确定合作博主后可以借助内容合作的优效模式来获取平台流量支持，确保各个博主发布的合作内容相关笔记能够得到稳定的曝光，同时也可以为笔记

获取更多优质流量提供支持，利用笔记中形成的流量正循环来打造爆款笔记。

当合作博主在小红书中发布内容合作笔记后，品牌可以通过继续在该笔记中添加品牌广告、竞价广告等营销广告的方式来扩大内容触达范围，提高笔记的热度，延长热度的维持时间，如图19-5所示。

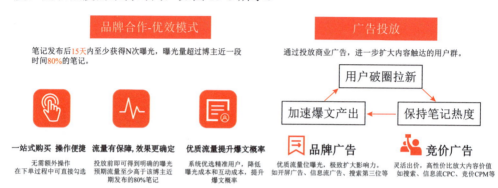

图19-5　优效模式与广告投放

（4）丰富投后数据

蒲公英平台具有数据监控功能，能够利用各项真实数据对品牌进行数据监控，并从不同的维度分析营销效果，同时也能够进一步提高分析度量的全面性，找出营销亮点，为用户积累数据资产和投放效果提供支持，如图19-6所示。

图19-6　投后数据监控

（5）交易安全保障

蒲公英平台中具有完善健康的博主信用等级体系，且能够在品牌与博主合作的整个过程中为合作双方提供资金托管、异常赔付等权益保障服务，充分确保品牌内容投放的安全性，如图 19-7 所示。

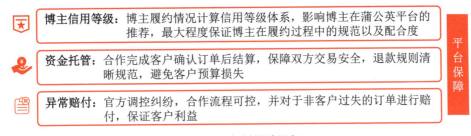

图 19-7　权益保障服务

03 合作流程：筛选博主的操作攻略

蒲公英平台中的客户账号主要包括品牌主账号和代理商账号两种类型。品牌主账号是需要品牌自主下单的账号，需要品牌方在完成专业号申请后自主登录蒲公英平台下单并选择博主进行合作；代理商账号是能够为不同的品牌下单的账号，这类账号不仅要完成专业号申请，还需要进行蒲公英代理申请。

具体来说，这两类账号的整体合作流程大致如图 19-8 所示。

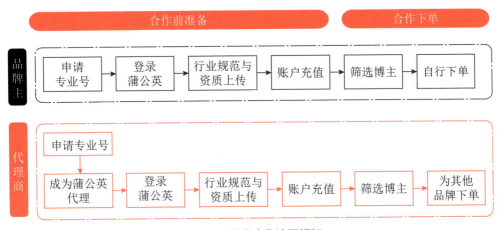

图 19-8　整体合作流程框架

（1）蒲公英平台注册流程

首先，品牌需要入驻并登录蒲公英平台。从具体操作上来看，品牌要先在小红书专业号平台中申请专业号，再到小红书合作伙伴平台中完成蒲公英代理商申请，获取代替不同品牌下单的权限，然后到小红书蒲公英平台中登录自己申请的专业号。

其次，品牌需要在蒲公英平台中上传自身的行业规范与资质。从具体操作上来看，品牌要先判断品牌所属行业在蒲公英平台中有无合作权限，再将各项资质材料上传到蒲公英平台中的"我的"—"资质管理"模块中进行审核，然后积极了解品牌所属行业有无禁止合作的博主，避免在选择合作对象时挑选到无法合作的博主。

最后，品牌还需要进行账户充值，就目前来看，蒲公英平台只支持线下对公打款。

（2）如何在蒲公英筛选博主？

首先，品牌需要从自身的投放预算出发选择相应的笔记报价区间或输入博主报价，如图19-9所示。

图 19-9　笔记投放的报价区间

其次，品牌需要针对自身所处行业对内容进行初步筛选，找出符合行业内容特征的"内容类目"，并借助"博主人设、特征标签、按笔记关键词搜索"来进一步细化，同时也可以进入博主广场来获取筛选建议信息，如图19-10所示。

图 19-10　内容博主筛选优化

最后，品牌还需要以快速版或组合版的方式对各项数据进行精筛。具体来说，在快速版中，品牌可以直接根据近期涨粉量等相关数据筛选出一些数据表现较好的新锐博主；在组合版中，品牌可以先根据"流量表现、成长性"筛选出一部分博主，再根据笔记的"流量表现"中的阅读量和互动情况进行排序，找出处于中游的账号，然后根据账号的"成长性"再次进行筛选，如图19-11所示。

图 19-11 内容合作博主精筛

不仅如此，品牌在选择合作对象时还可以通过博主头像进入博主主页当中对博主的粉丝画像、笔记安利以及所发布的笔记的流量情况等进行更加深入和全面的了解，并在确定合作对象后点击"添加合作"，从而正式与该博主展开合作。

在蒲公英平台中，素人博主也能够得到商业合作的机会，并帮助品牌通过素人铺量来优化营销效果，进而为自己赢得更多商业合作机会。

04 投放攻略：蒲公英投放实战策略

蒲公英平台是小红书官方为了方便品牌方和博主进行合作和交易而推出的商业服务平台，能够为入驻用户提供数据洞察、数据分析和实时效果监测等多种功能，为品牌在小红书中进行达人投放提供支持。具体来说，蒲公英投放策略主要如图19-12所示。

（1）明确营销目标，规划投放策略

商家需要对达人投放工作进行整体规划，在对各项相关因素进行全方位考虑的前提下判断不同层级的达人的营销价值，并根据自身实际情况对各个层级的达人进行合理组合，力求将投放效果发挥至最高水平。

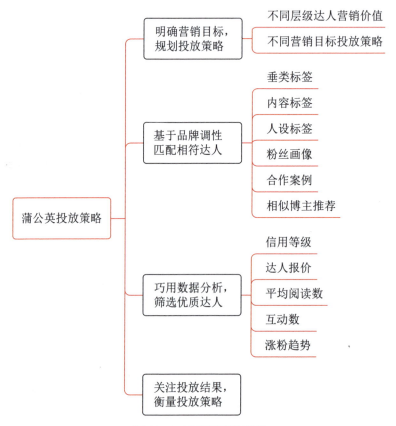

图 19-12 蒲公英投放策略

小红书中的达人可分为头部达人、腰部达人和尾部达人等多个层级,各个层级的达人的营销价值各不相同,如图 19-13 所示。

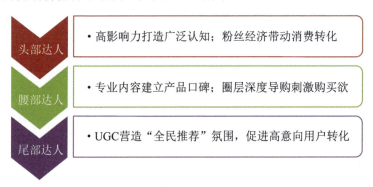

图 19-13 不同层级达人营销价值

- 头部达人:影响力最高,能够大幅提高品牌的认知度,并借助粉丝经济来实现消费转化;
- 腰部达人:影响力次之,能够利用专业性较强的笔记内容帮助品牌打造良好的口碑，从垂直圈层的角度上激发用户的购买热情；
- 尾部达人：影响力较低，可以通过发布产品使用体验笔记的方式向其他用户种草产品，品牌可以通过大量投放尾部达人来营造"全民推荐"氛围，提高用户转化率。

商家在投放策略设计环节需要先明确自身的营销目标，并据此对达人进行科学合理的组合，不同阶段营销投放的具体目标如图19-14所示。

图19-14　不同阶段营销投放的具体目标

① 产品心智种草

当品牌处于营销初期时，在整个小红书平台中的内容沉淀较少，小红书中的用户对品牌也缺乏了解，此时品牌可以投放大量尾部达人来发布产品使用体验笔记，反复打磨和宣传产品卖点，并找准自身产品受众群体，利用相关话题向用户进行种草。

② 产品带货转化

当产品在小红书平台中已经积累了一部分内容沉淀时，可以通过投放腰部达人的方式来进一步明确产品的卖点和特性，根据自身产品的卖点、特性和受众群体来寻找与之相符的博主，并与这些博主展开合作，安排博主发布专业性较强的产品测评笔记，同时积极打造爆款笔记，以便在确定产品调性的基础上扩大宣传范围，营造良好的品牌口碑，激发用户的购买欲。

③ 卖点放大传播

当品牌在小红书平台中的声量达到一定水平且品牌口碑较为稳定时，可以通过加大头部达人的投放比例的方式来扩大用户覆盖面，提高自身在小红书中的影响力，以便吸引更多用户，同时也可以利用平台话题进行产品宣传，进一步提高自身声量和销售转化率。

④ 爆文影响力放大、扩大辐射范围

当品牌打造出爆款笔记时，可以通过在该笔记中进行信息流竞价投放、搜索竞价投放等添加流量类广告产品的方式来扩大宣传范围，提高整体 KOL 的投放效率。

（2）基于品牌调性，匹配相符达人

商家应在制定好投放策略的基础上针对自身产品需求来寻找符合产品调性的达人。从实际操作方面来看，商家需要在大量调研分析和业务实践的基础上充分利用平台中的垂类标签、内容标签、人设标签、粉丝画像、合作案例和相似博主推荐等功能来确定合作对象，如图 19-15 所示。

图 19-15　基于品牌调性匹配相符达人

① 垂类标签

品牌应先利用一级二级笔记内容领域标签来对各个达人的笔记内容方向进行初步筛选。一般来说，品牌既可以通过投放垂类达人的方式来打造良好的品牌口碑，扩大自身影响力，提高目标用户群体触达的精度和效率；也可以进行深入的产品洞察，挖掘营销场景与自身产品卖点符合的非垂类达人进行合作，通过投放非垂类达人的方式来在其他垂类中进行营销，进而打破原有圈层，进一步扩大营销活动的辐射范围。

对品牌来说，投放不同场景、不同垂类的达人能够提高产品使用场景的丰富度和内容营销的多样性，让自身的品牌知名度打入更多圈层当中，不仅如此，还可以利用蒲公英平台来增添作者的人设标签，优化和完善内容二级标签，以便在选择合作博主时能够从不同的维度进行评估，缓解博主选择困难和垂类存量不足等问题。

② 内容标签

小红书笔记的内容标签可分为多种类型，具体来说，主要包括 Vlog、Plog、测评、开箱、每日穿搭、合集、教程和探店等标签。

③ 人设标签

小红书中的达人自定义人设特征标签的种类超过 40 种，品牌可以根据自身账号的风格为其选择多个人设特征标签。

④ 粉丝画像

粉丝画像中包含了粉丝的性别、年龄、地域等诸多信息，这些信息与产品的目标用户之间的匹配度是影响投放效果的重要因素。

⑤ 合作案例

品牌在选择合作达人时可以根据达人以往的合作案例和近期发布的 8 篇笔记来评估其在调性、内容形式等方面与自身产品的匹配度。

⑥ 相似博主推荐

蒲公英平台中包含大量小红书博主的数据，能够根据品牌搜索相关信息为其推荐在内容类目和粉丝受众群体方面较为接近的博主，为品牌精准选择自身营销所需的博主提供支持。

（3）巧用数据分析，筛选优质达人

商家需要在明确合作达人类型的基础上找出优质达人，并通过二者之间的合作最大限度地发挥营销效果。在实际操作中，商家应先通过蒲公英平台中的信用等级、达人报价、平均阅读数、互动数、涨粉趋势等信息数据来了解达人的能力水平，并据此确定合作对象，如图 19-16 所示。

图 19-16　筛选优质达人

a. 信用等级是蒲公英平台综合评估博主的商业服务能力和发布笔记的内容质量得出的等级指标。对博主来说，信用等级是其进行账号精细化运营的重要参考；对品牌来说，信用等级是其提高合作对象选择效率和投放收益的重要工具。

b. 达人报价是达人与品牌进行合作的价格。品牌需要根据自身的投放预算选择合适的达人进行合作，并据此确定合作形式，同时，品牌也可以就达人报价与达人团队进一步协商，以便在一定程度上降低投放成本。

c. 平均阅读数是达人所发布的笔记的平均阅读量，能够体现出达人笔记内容的传播度，并影响小红书平台的流量分发。

d. 互动数是一项由点赞数、收藏数和评论数三部分构成的数据指标，能够体现达人粉丝的黏性，并影响小红书平台的流量分发。

e. 涨粉趋势是达人账号在最近一段时间内的发展趋势，通常受达人最近一段时间内所发布笔记的影响。

（4）关注投放效果，衡量投放策略

在完成达人投放工作后，商家可以在蒲公英平台的订单管理板块中查看笔记明细数据和用户画像等相关信息，并根据达人发布的合作笔记的各项基础数据与自身营销目标之间的差距对此次投放的效果进行全方位评估。

- 内容型笔记：商家需要根据笔记的曝光量、阅读数、互动数等流量数据来判断笔记的营销效果。
- 种草型笔记：商家需要根据笔记的点赞数、收藏数和粉丝评论等数据信息来判断笔记对品牌口碑和产品口碑的优化效果。
- 带货型笔记：商家需要根据笔记的曝光量、阅读数、互动数、点赞数、收藏数和粉丝评论等多项数据以及投放周期内的产品转化情况来评估达人的带货效果。

不仅如此，商家还可以借助蒲公英平台中的"相似达人推荐"功能，根据合作效果较好的达人的各项信息找出更多可进行合作的达人，为以后的营销活动做好准备，同时也可以在蒲公英平台中对已完成订单进行评价，蒲公英平台也会对所有的评价进行审核和分析。